全过程工程咨询丛书

全过程工程咨询决策阶段

张江波　郭建秋　刘仁轩　陈岩
———— 主编 ————

化学工业出版社
·北京·

内容简介

《全过程工程咨询决策阶段》是"全过程工程咨询丛书"的第4册，本册阐述了工程建设决策阶段全过程工程咨询的工作内容。从市场分析与市场战略、可行性研究报告、环境资源可持续评价、项目评估、建设方案比选、资金申请报告等不同阶段内容的知识点出发，全面、系统地涵盖了工程建设决策阶段的所有工作。本书在编写过程中结合实际工程案例并紧密结合了国家发展和改革委员会、住房和城乡建设部《关于推进全过程工程咨询服务发展的指导意见》（发改投资规〔2019〕515号）的要求，广泛吸收了国内有关工程咨询在决策阶段的最新理论成果和最佳实践经验，所附案例均为最新的工程实际实施项目，所采用的方法体系均按全过程工程咨询服务的理念进行梳理，大大提高可操作性。

本书内容翔实，观点前瞻性强，文字通俗易懂，并能应用于实践，可供建设单位、咨询单位、设计单位、施工单位、监理单位、造价咨询单位、运维管理单位的从业人员及相关专业高校在校师生和对工程管理感兴趣的读者阅读、参考。

图书在版编目（CIP）数据

全过程工程咨询决策阶段/张江波等主编．—北京：化学工业出版社，2021.11
（全过程工程咨询丛书）
ISBN 978-7-122-39675-4

Ⅰ．①全… Ⅱ．①张… Ⅲ．①建筑工程-咨询服务 Ⅳ．① F407.9

中国版本图书馆 CIP 数据核字（2021）第 157070 号

责任编辑：邢启壮　吕佳丽　　　　　　装帧设计：王晓宇
责任校对：宋　玮

出版发行：化学工业出版社（北京市东城区青年湖南街13号　邮政编码100011）
印　　刷：三河市航远印刷有限公司
装　　订：三河市宇新装订厂
787mm×1092mm　1/16　印张 9½　字数 209 千字　2021年11月北京第1版第1次印刷

购书咨询：010-64518888　　　　　　　售后服务：010-64518899
网　　址：http://www.cip.com.cn
凡购买本书，如有缺损质量问题，本社销售中心负责调换。

定　价：48.00元　　　　　　　　　　　　　　　　　　　　　版权所有　违者必究

丛书编写委员会名单

主　　任　张江波　王宏毅

副 主 任　杨明宇　谢向荣　顿志林　潘　敏　杨明芬　刘仁轩
　　　　　　郭嘉祯　白　祯　王孝云　杨宝昆　王瑞镛　铁小辉

主　　审　韩光耀　上海同济工程咨询有限公司　专家委员会主任
　　　　　　谭光伟　江西中煤勘察设计总院有限公司　董事长
　　　　　　顾　靖　浙江上嘉建设有限公司　总工程师

主任单位　中新创达咨询有限公司
　　　　　　汉宁天际工程咨询有限公司
　　　　　　晨越建设项目管理集团股份有限公司
　　　　　　四川开元工程项目管理咨询有限公司
　　　　　　金中证项目管理有限公司

副主任单位　长江勘测规划设计研究有限责任公司
　　　　　　中国通信建设集团设计院有限公司
　　　　　　深圳市昊源建设监理有限公司
　　　　　　卓信工程咨询有限公司
　　　　　　中建卓越建设管理有限公司
　　　　　　泰禾云工程咨询有限公司
　　　　　　中精信工程技术有限公司
　　　　　　河南省全过程建设咨询有限公司
　　　　　　山东德勤招标评估造价咨询有限公司
　　　　　　云南云岭工程造价咨询有限公司
　　　　　　江苏启越工程管理有限公司
　　　　　　浙江中诚工程咨询有限公司
　　　　　　鲁班软件股份有限公司
　　　　　　河南理工大学
　　　　　　青岛理工大学
　　　　　　西安欧亚学院
　　　　　　河北建筑工程学院

本书编写人员名单

主　编　张江波　汉宁天际工程咨询有限公司　总经理
　　　　　郭建秋　河南投资集团有限公司　高级工程师
　　　　　刘仁轩　深圳市昊源建设监理有限公司　董事长
　　　　　陈　岩　中新创达咨询有限公司　分公司总经理

副主编　田宪刚　山东建筑大学
　　　　　丁　晴　上海上咨建设工程咨询有限公司
　　　　　邬　敏　中建卓越建设管理有限公司
　　　　　王恒莹　中新创达咨询有限公司
　　　　　李诗强　四川开元工程项目管理咨询有限公司
　　　　　张　健　中国通信建设集团设计院有限公司

参　编　董笑岩　中国建筑设计咨询有限公司
　　　　　范　围　中国建筑设计咨询有限公司联安建筑设计院
　　　　　龚宏伟　建银工程咨询有限责任公司
　　　　　王永新　中冶赛迪集团有限公司
　　　　　常　平　东华工程科技股份有限公司
　　　　　张晓萌　山东理工职业学院

丛书序

2017年2月国务院办公厅发布的《关于促进建筑业持续健康发展的意见》(国办发〔2017〕19号)要求：培育全过程工程咨询。鼓励投资咨询、勘察、设计、监理、招标代理、造价等企业采取联合经营、并购重组等方式发展全过程工程咨询，培育一批具有国际水平的全过程工程咨询企业。制定全过程工程咨询服务技术标准和合同范本。政府投资工程应带头推行全过程工程咨询，鼓励非政府投资工程委托全过程工程咨询服务。在民用建筑项目中，充分发挥建筑师的主导作用，鼓励提供全过程工程咨询服务。

自2018年以来，各级部门通过招标网站发布的全过程工程咨询项目累计超过300个，上海同济工程咨询有限公司中标的"乌梁素海流域山水林田湖草生态保护修复试点工程项目全过程工程咨询服务"中标咨询费为3.7亿，上海建科、上海同济、浙江江南、中冶赛迪、北京双圆、晨越建管等公司纷纷拿下咨询费用超过1亿元（或接近1亿元）的咨询项目。

我们深刻认识到全过程工程咨询是我国工程咨询业改革的重要举措，是我国工程建设管理模式的一次革命性创举，为此国家发展改革委和住房城乡建设部2019年3月15日推出《关于推进全过程工程咨询服务发展的指导意见》(发改投资规〔2019〕515号)，明确全过程工程咨询分为投资决策综合性咨询和工程建设全过程咨询，要求充分认识推进全过程工程咨询服务发展的意义，以投资决策综合性咨询促进投资决策科学化，以全过程咨询推动完善工程建设组织模式，鼓励多种形式的全过程工程咨询服务市场化发展，优化全过程工程咨询服务市场环境，强化保障措施。

2019年10月14日山东省住房和城乡建设厅与山东省发展和改革委员会推出《关于在房屋建筑和市政工程领域加快推行全过程工程咨询服务的指导意见》(鲁建建管字〔2019〕19号)，要求：政府投资和国有资金投资的项目原则上实行全过程工程咨询服务。这是全国第一个有强制性要求的全过程工程咨询指导意见，大力推进了山东省开展全过程工程咨询的力度，具有良好的示范效应。

2020年5月6日吉林省住房和城乡建设厅与吉林省发展和改革委员会《关于在房屋建筑和市政基础设施工程领域加快推行全过程工程咨询服务的通知》(吉建联发〔2020〕20号)，要求：政府投资工程原则上实行全过程工程咨询服务，鼓励非政府投资工程积极采用全过程工程咨询服务。

2020年6月16日湖南省住房和城乡建设厅《关于推进全过程工程咨询发展的实施意见》(湘建设〔2020〕91号)，要求：2020年，政府投资、国有资金投资新建项目全面推广全过程工程咨询；2021年，政府投资、国有资金投资新建项目全面采用全过程工程咨询，社会投资新建项目逐步采用全过程工程咨询；2025年，新建项目采用全过程工程咨询的比例达到70%以上，全过程工程咨询成为前期工作的主流模式，培育一批具有国际竞争力的工程咨询企业，培养与全过程工程咨询发展相适应的综合型、复合型人才队伍。

越来越多的省、市、自治区、直辖市在各地区推进全过程工程咨询的指导意见、实施意见中采用"原则上"等术语来要求政府投资项目全面采用全过程工程咨询的模式开展咨询服务工作。

从国家到地方，各级政府都在大力推进全过程工程咨询，而目前国内专业的全过程工程咨询类人才却十分匮乏。各建设单位、工程咨询、工程设计等企业目前已经开始在为自己储备专业性技术人员。全过程工程咨询并非简单地把传统的设计、监理、造价、招标代理、BIM建模等业务进行叠加，而是需要站在业主的角度对项目建设的全过程进行组织重塑和流程再造，以项目管理为主线、以设计为龙头、以BIM为载体，将传统做法中的多个流程整合为一个流程，在项目起始阶段尽早定义，提高项目管理效率，优化项目结构，大幅降低建造和咨询成本，驱动建筑业升级转型。

在张江波先生的带领下，来自企业、高校近200位专家、学者，历时三年的时间完成了对全过程工程咨询领域的共性问题、关键技术和主要应用的探索和研究，融合项目实践经验，编写出本套系统指导行业发展及实际操作的系列丛书，具有十分深远的意义。本套丛书凝聚了享有盛誉的知名行业专家的群体智慧，呈现并解决目前正在开展全过程工程咨询项目或已完成的全过程工程咨询项目在实施过程中出现的各种问题。

丛书紧扣当前行业的发展现状，围绕全过程工程咨询的六大阶段、十大传统咨询业务形态的融合，实现信息集成、技术集成、管理集成与组织集成的目标，总结和梳理了全过程工程咨询各阶段需要解决的关键问题及解决方法。丛书共有十个分册，分别是《全过程工程咨询实施导则》《全过程工程咨询总体策划》《全过程工程咨询项目管理》《全过程工程咨询决策阶段》《全过程工程咨询设计阶段》《全过程工程咨询施工阶段》《全过程工程咨询竣工阶段》《全过程工程咨询运维阶段》《全过程工程咨询投资管控》《全过程工程咨询信息管理》。相较于传统图书，本套丛书主要围绕以下五个方面进行编写：

（1）强调各阶段、各种传统咨询服务的融合，实现无缝隙且非分离的综合型咨询服务，是传统咨询的融合而非各类咨询服务的总包；

（2）强调集成与协同，在信息集成、技术集成、管理集成、组织集成的四个不同层面，完成从数据—信息—知识—资产的升级与迭代，在集成的基础上完成各项服务的协同作业；

（3）强调全过程风险管理，识别各阶段各业务类型的各种风险源，利用风险管理技术手段，有效规避和排除风险；

（4）强调"前策划、后评估"，重视在前期的总体策划，将全过程实施中足够丰富、准确的信息体现在设计文件、实施方案中，在后期实施时，采用"全过程工程咨询评价模型"来评估实施效果，用"全过程工程咨询企业能力评估模型"来评估企业的相关能力；

（5）强调与建筑行业市场化改革发展相结合的方针，将"全过程工程咨询"作为建筑行业技术服务整合交付的一种工程模式。

丛书内容全面，涉及工程从策划建设到运营管理的全过程，在组织模式上进行了较强的创新，体现出咨询服务的综合性和实用性，反映了全过程工程咨询的全貌，文字深入浅出，简洁明了，系统介绍了工程各阶段所需完成的任务及完成策略、方法、技术、工具，能为读者从不同应用范围、不同阶段及技术等角度了解全过程工程咨询提供很好的帮助，具有很高的指导意义和应用价值，必将对推动我国建筑行业的发展起到积极的作用。希望本丛书的出版，能够使建筑行业工作者系统掌握本领域的发展现状和未来发展，在重大工程的建设方面提供理论支撑和技术指导。

由于作者水平有限，书中的错误和疏漏在所难免，恳请读者与专家批评指正。

丛书主任：张江波 王宏毅

2021年7月

丛书前言

为深入贯彻习近平新时代中国特色社会主义思想和党的十九大精神，深化工程领域咨询服务供给侧结构性改革，破解工程咨询市场供需矛盾，必须完善政策措施，创新咨询服务组织实施方式，大力发展以市场需求为导向、满足委托方多样化需求的全过程工程咨询服务模式。《国家发展改革委 住房城乡建设部关于推进全过程工程咨询服务发展的指导意见》（发改投资规〔2019〕515号）提出为深化投融资体制改革，提升固定资产投资决策科学化水平，进一步完善工程建设组织模式，提高投资效益、工程建设质量和运营效率，根据中央城市工作会议精神及《中共中央国务院关于深化投融资体制改革的意见》（中发〔2016〕18号）、《国务院办公厅关于促进建筑业持续健康发展的意见》（国办发〔2017〕19号）等要求，对房屋建筑和市政基础设施领域推进全过程工程咨询服务发展给出指导意见。意见指出要遵循项目周期规律和建设程序的客观要求，在项目决策和建设实施两个阶段，着力破除制度性障碍，重点培育发展投资决策综合性咨询和工程建设全过程咨询，为固定资产投资及工程建设活动提供高质量智力技术服务，全面提升投资效益、工程建设质量和运营效率，推动高质量发展。

作为供给体系的重要组成部分，固定资产投资及建设的质量和效率显著影响着供给体系的质量和效率。工程咨询业在提升固定资产投资及建设的质量和效率方面发挥着不可替代的作用。从项目前期策划、投资分析、勘察设计，到建设期间的工程管理、造价控制、招标采购，到竣工后运维期间的设施管理，均需要工程咨询企业为业主方提供有价值的专业服务。但传统工程咨询模式中各业务模块分割，信息流断裂，碎片化咨询的弊病一直为业主方所诟病，"都负责、都不负责"的怪圈常使业主方陷入被动。传统工程咨询模式已不能适应固定资产投资及建设对效率提升的要求，更无法适应"一带一路"建设对国际化工程咨询企业的要求。2017年2月，《国务院办公厅关于促进建筑业持续健康发展的意见》（国办发〔2017〕19号）文件明确提出"培育全过程工程咨询"，鼓励投资咨询、勘察、设计、监理、招标代理、造价等企业采取联合经营、并购重组等方式发展全过程工程咨询，培育一批具有国际水平的全过程工程咨询企业。同时，要求政府投资工程带头推行全过程工程咨询，并鼓励非政府投资项目和民用建筑项目积极参与。

在国家和行业的顶层设计下，全过程工程咨询已成为工程咨询业转型升级的大方向，如何深入分析业主方痛点，为业主方提供现实有价值的全过程咨询服务，是每一个工程咨询企业都需要深入思考的问题。与此同时，咨询企业应借助国家政策，谋划升级转型，增强综合实力，培养优秀人才，加快与国际先进的建设管理服务接轨，更好地服务于"一带一路"倡议。全过程工程咨询是我国工程建设领域的一次具有革命性意义的重大举措，它是建筑工程领域供给侧改革、中国工程建设领域持续健康发展的重要抓手，影响着我国工程建设领域的未来发展。

在全面推进全过程工程咨询的历史时刻，上海汉宁建筑科技有限公司董事长张江波先生与晨越建设项目管理集团股份有限公司董事长王宏毅先生于2018年5月份经过两次深入的交流，决定利用双方在工程咨询领域的长期理论与实践探索，出版一套能够指导行业发展的丛书，这便有了这套"全过程工程咨询丛书"。编写这套丛书的意义在于从行业和产业政策出发，抓住长期影响中国工程建设的"慢变量"，能够从理论和实践两个层面共同破除对全过程工程咨询的诸多误解，引导更多的从业者在正确的理论和方法指引下、在工程实践案例的指导下更好地开展全过程工程咨询。

本书从2018年7月份启动编写，编写过程中邀请了来自全国各地200多位专家学者共同参与到这套丛书的编写与审核，参与者们都是来自工程咨询一线、具有丰富的理论知识和实践经验的专家，经过将近一年时间的写作和审核，形成了一整套共10个分册的书稿。编写委员会希望本丛书能够成为影响全过程工程咨询领域开展咨询工作的标杆性文件和标准化手册，指引我国工程咨询领域朝着持续、健康方向的发展。

感谢编委会全体成员以及支持编写工作的领导、同仁和朋友们在本书写作、审核、出版过程中给予的关心，正是你们的支持才让本书的论述更加清晰、有条理，内容才能更加丰富、多元。

由于图书编写工作量十分巨大，时间比较紧张，难免有不足之处，欢迎广大读者予以指正。

前　言

随着我国城镇化进程的加快，工程咨询服务市场化快速发展，对工程建设项目全过程管理人才的需求逐渐增大。本书参照相关重大专项建设规划、产业政策、技术标准及相关审批要求，汇集工程领域专家的项目管理经验，创新工程咨询服务方式，以期为全过程工程咨询服务人员学习培训提供较为权威性的参考。

全过程工程咨询服务是指从事工程咨询服务的企业受建设方委托，为建设方提供从投资咨询、招标代理、勘察、设计、监理、造价、项目管理、运维管理的全过程一体化咨询服务。

全过程工程咨询决策阶段是全过程工程咨询中较为重要的一个环节，决策指导设计，设计指导交易，交易指导施工，后一阶段的信息是前一阶段的集成，前一阶段的成果指导后一阶段的工作。

本书是在总结各类工程管理经验的基础上编写的，主要突出以下几个特点：

（1）在政策依据上，突出与时俱进。主要根据十九大以来各领域最新的政策文件及工程咨询行业的各类新版的法律、法规、标准规范。

（2）知识的系统性、完整性。本书所包含的知识点较全面地覆盖了不同行业工程建设项目工作实践中需要掌握的知识。考虑到工程建设管理阶段不同、侧重点不同，本书侧重于全过程工程咨询项目前期的决策管理，对于全过程工程咨询的其他内容，可参照本系列图书其他分册的具体论述。

（3）内容的实用性。避免大量理论问题的分析和讨论，结合工程案例提高可操作性，特别是紧密结合了国家发展和改革委员会、住房和城乡建设部《关于推进全过程工程咨询服务发展的指导意见》（发改投资规〔2019〕515号）的要求，广泛吸收了国内有关工程咨询的最新理论成果和最佳实践经验。参编人员均为建设单位、房地产公司、政府机关、咨询机构、设计单位、施工单位、监理单位、造价单位等工程建设行业的一线实战专家。所附案例均为最新的工程实际实施项目，所采用的方法体系，均按全过程工程咨询服务的理念进行梳理。

全书共7章，具体分工如下：

张江波、郭建秋、刘仁轩、陈岩任主编并负责统稿，田宪刚、丁晴、邬敏、王恒莹、李诗强、张健担任副主编。由郭建秋主持编写第1、2章，张江波主持编写第3、4章，刘仁轩主持编写第 5、6 章，陈岩主持编写第 7 章，田宪刚参与第 2、3 章编写，丁晴、张健参与第 1、4 章编写，邬敏参与第 2、5 章编写，王恒莹参与第 6、7 章编写，李诗强参与第 7 章编写。董笑岩、范围、龚宏伟、王永新、常平、张晓萌等人参与了资料收集和过程编写，并提出了宝贵意见，对编写工作提供很大的帮助。

　　本书较为系统地介绍了全过程工程咨询决策阶段所需开展的工作及工作程序，供大家在工作中借鉴参考。由于作者水平有限，书中的错误和疏漏在所难免，恳请读者与专家批评指正。

编者

2021 年 7 月

目　录

第 1 章　绪论　001

1.1　概述　001
  1.1.1　工程建设项目含义和目标　001
  1.1.2　项目决策　002
1.2　项目决策的内涵　003
  1.2.1　项目的构思　003
  1.2.2　项目决策程序　004
  1.2.3　项目决策责任　019
1.3　项目决策前期工作的组织管理　021
  1.3.1　项目决策前期工作的任务及基本要求　022
  1.3.2　项目决策前期工作的组织　023
  1.3.3　项目决策前期工作的质量保证　024
  1.3.4　工程咨询产业创新升级　025
  1.3.5　现代信息技术在工程咨询的运用　027

第 2 章　市场分析与市场战略　029

2.1　市场分析的目的与方式　029
  2.1.1　市场分析的目的　029
  2.1.2　市场分析的主要内容　030
  2.1.3　市场分析的基本方式　030
2.2　市场调查　030
  2.2.1　市场调查的内容　030
  2.2.2　市场调查的程序　031
  2.2.3　市场调查的方法　031
2.3　市场预测　031

  2.3.1 市场预测的内容 031
  2.3.2 市场预测的基本方法 031
  2.3.3 市场预测的程序 032
 2.4 市场竞争策略 032
  2.4.1 竞争战略类型 032
  2.4.2 行业竞争结构 032
  2.4.3 竞争能力分析 033
  2.4.4 SWOT 分析法 033

第 3 章 可行性研究报告 034

 3.1 可行性研究报告概述 034
  3.1.1 可行性研究介绍 034
  3.1.2 可行性研究的目标 036
  3.1.3 可行性研究的作用 037
  3.1.4 可行性研究的内容 037
 3.2 可行性研究报告的编制内容 039
  3.2.1 建设方案 039
  3.2.2 投资估算 051
  3.2.3 资金筹措 053
  3.2.4 财务分析 054
  3.2.5 经济分析 057
  3.2.6 风险分析 058
  3.2.7 研究结论 059
 3.3 可行性研究报告的评审 059
  3.3.1 通过要点 059
  3.3.2 关键因素 060
  3.3.3 审批流程 064

第 4 章 环境资源可持续评价 065

 4.1 建设项目环评与安全预评价 065
  4.1.1 项目环境影响评价概念 065
  4.1.2 项目环境影响评价的要求 066
  4.1.3 项目环境影响评价的作用 068
  4.1.4 项目环境影响评价的工作程序 068

4.2 建设场地地质灾害危险性评价报告　　072
　　4.2.1 报告前言部分　　072
　　4.2.2 评估工作概述　　072
4.3 地质环境条件评价报告　　075
　　4.3.1 气象水文　　075
　　4.3.2 地形地貌　　075
　　4.3.3 地层岩性　　075
　　4.3.4 地质构造与区域地壳稳定性　　075
　　4.3.5 岩土体工程地质特征　　076
　　4.3.6 水文地质条件　　076
　　4.3.7 人类工程活动的影响　　076
　　4.3.8 小结　　076
4.4 环境影响评价报告　　077
　　4.4.1 建设项目环境保护的分类管理　　077
　　4.4.2 环境影响评价报告书的内容及要求　　077
　　4.4.3 环境影响报告表的内容　　081
　　4.4.4 环境影响登记表的内容　　081

第5章　项目评估　　082

5.1 概述　　082
　　5.1.1 项目评估的概念　　082
　　5.1.2 项目评估的任务和原则　　083
　　5.1.3 项目评估的分类　　083
5.2 评估报告的编制　　084
　　5.2.1 项目评估报告的编制　　084
　　5.2.2 项目申请书的咨询评估　　087
　　5.2.3 资金申请报告的咨询评估　　091
　　5.2.4 政府和社会资本合作项目的咨询评估　　091
　　5.2.5 社会稳定风险评估　　091
5.3 项目评估质量控制　　093
　　5.3.1 项目评估质量控制概述　　093
　　5.3.2 项目评估质量控制的流程　　094
　　5.3.3 项目评估质量控制的内容　　094

第 6 章　建设方案比较与选择　　097

6.1　概述　　097
- 6.1.1　建设方案研究与比选的基本概念　　097
- 6.1.2　比选的原则与指标体系　　099
- 6.1.3　比选的范围与步骤特点　　099

6.2　建设方案的主要研究内容　　100
- 6.2.1　产品方案　　100
- 6.2.2　建设规模　　101
- 6.2.3　生产工艺技术及设备选择　　102
- 6.2.4　选择项目场（厂）址　　105
- 6.2.5　原材料与燃料供应　　109
- 6.2.6　总图运输方案　　110
- 6.2.7　公用与辅助配套工程方案　　112
- 6.2.8　土建工程方案　　112

6.3　建设方案比选方法　　114
- 6.3.1　建设方案关系类型及比选方法　　114
- 6.3.2　建设方案的技术比选方法　　115
- 6.3.3　建设方案的经济比较　　116

第 7 章　资金申请报告　　121

7.1　概述　　121
- 7.1.1　资金申请报告的定义　　121
- 7.1.2　资金申请报告的编制分类　　122
- 7.1.3　资金申请报告的编制依据　　124
- 7.1.4　资金申请报告的编制要求　　124

7.2　资金申请报告的编制内容　　124
- 7.2.1　项目建设前期准备基本情况与项目进展　　124
- 7.2.2　项目政策符合性分析　　124
- 7.2.3　项目融资分析　　125
- 7.2.4　项目技术来源以及设备和材料采购分析　　125
- 7.2.5　项目财务分析和经济分析　　126
- 7.2.6　项目清偿能力分析　　126
- 7.2.7　项目社会影响分析　　126

		7.2.8 项目风险及防范措施分析	126
		7.2.9 结论与建议	127
7.3	资金申请报告编制提纲		127
	7.3.1	财政补贴性资金支持项目资金申请报告编制提纲	127
	7.3.2	高科技产业化项目资金申请报告编制提纲	130
	7.3.3	国际金融组织贷款项目资金申请报告编制提纲	131

参考文献   133

第1章 绪 论

在工程项目投资建设过程中,项目决策的地位和作用十分重要。通过投资机会研究、项目建议书(初步可行性研究)、可行性研究或项目申请书、资金申请报告等文件的编制和项目评估,可以提高项目决策的科学性、正确性,避免和减少决策失误造成的损失。本章主要概括介绍项目决策内容、程序、责任和方法。

1.1 概述

1.1.1 工程建设项目含义和目标

项目一词,目前已经广泛应用于社会经济各个领域。本书所称的项目,是指投资于工程建设的项目,也称投资项目或工程项目。工程建设中的项目,指的是为了完成某一独特的产品或服务所做出的一系列彼此之间相互关联的任务和活动,是一次性的过程。由此可见,项目活动是独特的、复杂的并相互关联的,而所有这些项目活动有一个明确的项目目标或目的,即必须在项目特定的时间、预算、资源限定内依据有关规范来完成。

项目目标一般有两个层次,即项目的宏观目标和具体目标,不同性质的项目目标是有区别的。宏观目标是指项目建设对国家、地区、部门或行业要达到的整体发展目标所产生的积极影响和作用。项目的具体目标是指工程项目建设要达到的直接效果,主要有以下几方面。

(1) 效益目标。效益目标是指项目要实现的经济效益、社会效益、环境效益的目标值。对于经营性项目,其效益目标主要是投资收益的具体目标值。如某工业项目确定其效益目标值为项目投资所得税后财务内部收益率达到10%,项目资本金财务内部收益率达到12%。对于公共基础设施项目，其效益目标主要是指满足客观需要的程度或提供服务的范围，如某城市水厂的效益目标主要是满足城东区所有单位及 30 万居民的供水需求。对于环境治理项目，其效益目标主要是指环境治理的效果。如某城市水环境综合治理工程的效益目标主要是使城市污水处理率从 36% 提高到 70%，并使河道水体符合旅游景观水质标准。

（2）规模目标。规模目标是指对项目建设规模确定的目标值。如某城市轨道交通 1 号线项目确定其建设规模为全长 18.7 km（其中高架线 10.8 km，地下线 7.9 km），设车站 17 座（其中高架车站 9 座，地下车站 8 座）和 1 个车辆基地等。

（3）功能目标。功能目标是指对项目功能的定位。企业投资项目可供选择的功能目标主要有：

① 扩大生产规模，降低单位产品成本。
② 向前延伸，生产所需原材料，降低产品成本和经营风险。
③ 向后延伸，延长产品生产链，提高产品附加值。
④ 引进先进技术设备，提高产品的技术含量和质量。
⑤ 进行技术改造，调整产品结构，开发适销对路产品。
⑥ 利用专利技术，开发高新技术产品。
⑦ 拓宽投资领域，分散经营风险等。

企业应当根据本企业的总体发展战略、主要经营方向以及国家经济社会发展规划、产业政策和技术政策、资源政策和环境政策的要求，研究确定建设项目的功能目标。

（4）市场目标。市场目标是指对项目产品（或服务）目标市场及市场占有份额的确定。

1.1.2 项目决策

（1）决策的含义。决策是指人们为了实现特定目标，在掌握大量有关信息的基础上，运用科学的理论和方法，系统地分析主客观条件，提出若干预选方案，分析各种方案的优缺点，并从中选定较优方案的过程。决策过程可以分为信息收集、方案构造设计、方案评价、方案抉择四个相互联系的阶段。这四个阶段相互交织、往复循环，贯穿于整个决策过程。

项目决策是指按照一定的程序、方法和标准，结合项目投资规模、投资方向、投资结构、投资分配以及投资项目的选择和布局等方面所作的决定，即对投资是否必要和可行做出一种选择。项目决策按其所涉及的范围和对国民经济所起的作用，分为宏观决策和微观决策。宏观决策是在全国范围内或某一地区范围内，为促进国民经济持续、健康发展，而对投资规模、投资结构、投资布局等重大问题所作的决策。微观决策则是针对一个具体的投资项目进行的决策，通过对某具体项目投资的必要性、可能性和可行性的分析和方案比选，做出最后的决策。

（2）决策的原则。

① 目标原则。确定决策目标是决策的前提和依据。目标应明确、具体和有针对性，投资项目规定明确的数量界限，使目标数量化，如产量、产值、利润、成本和收入等应有具体的数量要求。目标中应禁用"较大""大幅度"等含糊不清的词句，所给指标应可计量化和检查，并应明确时间界限。

② 系统原则。一个开发项目与许多因素是相互促进又相互制约的，所以决策时不仅要看到本系统的特性和要求，而且要看到与其相联系的各系统的特性和要求。以整体总目标为

核心，进行系统的综合平衡决策，是决策的基本原则之一。

③ 多方案选择原则。只有拟定出一定数量的备选方案并经过缜密的评价对比，才能知道所选定的方案是否能最有效地达到规定的目标而又代价最小。只有一个方案便轻率决定实施，这样的决策是建立在偶然、侥幸的基础上的。科学的决策需建立在多方案比较选择的方案基础上。

④ 满意原则。明智的决策不一定苛求最优，而是在需要的前提下，注重在现有条件下各种可能的方案中，选择一个相对满意的方案。

⑤ 求实原则。只有科学地获取资料，取得可靠的数据，才有可能使决策科学化。

⑥ 反馈原则。客观世界在不断变化发展之中，人们的认识水平也应随实践的深入而不断深化，必须在实践过程中不断反馈信息，根据决策对象本身及环境条件的变化，调整、充实原有的决策方案。务实的决策总是设法保持决策必要的弹性，留有适当的余地。

1.2 项目决策的内涵

1.2.1 项目的构思

（1）项目构思的产生和选择。任何工程项目都源于项目构思，而任何项目构思都源于需求或期望。为了解决存在的问题，就会出现新的项目机会。这种项目机会可能很多，但不是每一个都会去实施，那么必须在这些项目机会中间作选择，这就要综合考虑项目实施的现实性问题，如竞争状况、自身条件、资源问题等，并经相关部门批准，以作进一步的研究。

（2）项目的定位。项目的定位包含项目区位的分析与选择、项目内容和规模的分析与选择、项目功能品质和市场的分析与选择等。

（3）项目目标设计和项目定义。这个阶段主要通过对有关情况和存在的问题进行进一步研究，提出项目的目标因素，进而构成项目目标系统，通过对目标的书面说明形成项目定义。这个阶段包括如下工作。

① 情况的分析和问题的研究。即对系统状况进行调查，对其中的问题进行全面罗列、分析、研究，确定问题的原因。

② 项目的目标设计。针对情况和问题提出目标因素，对目标因素进行优化，建立目标系统。

③ 项目的定义。划定项目的构成和界限，对项目的目标作出说明。

④ 项目的审查。包括对目标系统的评价，目标决策，提出项目建议书。

（4）项目建议书（初步可行性研究）。项目建议书（初步可行性研究）是对项目目标系统和项目定义的说明和细化，同时作为后继的可行性研究、技术设计和计划的依据，将目标转变成具体的实在的项目任务，提出项目的总体方案或总的开发计划。同时对项目经济、安全、高效率运行的条件和运行过程作出说明。

（5）可行性研究。即提出实施方案，并对实施方案进行全面的技术经济论证，看能否实现目标。项目可行性研究的结果可作为项目决策的依据。

项目整体决策（含前期）的内容和过程如图1-1所示。

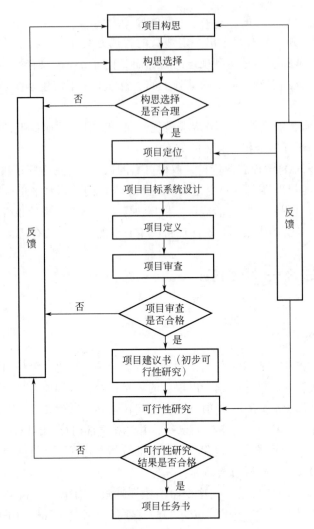

图 1-1 项目整体决策（含前期）流程图

1.2.2 项目决策程序

项目决策程序一般分为以下八大类。

1.2.2.1 审批制项目决策程序

政府投资资金，包括预算内投资、各类专项建设基金、统借国外贷款等。政府投资性资金的安排，根据资金来源、项目性质和调控需要，可分别采取直接投资、资本金注入、投资补助、转贷和贷款贴息等方式。本节所称的审批制项目，主要是指采取直接投资和资本金注入的政府投资项目。其他政府资金性投资项目，除参照执行审批制项目决策程序外，还应按照国家相关规定编制项目资金申请报告，执行相关审批程序。

根据《中共中央 国务院关于深化投融资体制改革的意见》，政府投资资金只投向市场不能有效配置资源的社会公益服务、公共基础设施、农业农村、生态环境保护和修复、重大科技进步、社会管理、国家安全等公共领域的项目，以非经营性项目为主，原则上不支持经营性项目。

政府投资项目实行审批制,包括审批项目建议书、项目可行性研究报告、初步设计。除情况特殊、影响重大的项目需要审批开工报告外,一般不再审批开工报告,同时应严格政府投资项目的初步设计、概算审批工作。

政府投资项目是以政府部门为投资主体的,由政府财政性资金直接投资的项目或以政府财政性资金直接投资为主的项目,因此政府投资项目拥有和普通投资项目不同的特点。

(1) 政府对项目起主导作用。政府投资项目主体是政府。政府通过财政税收、发行国债或是以商业贷款的形式投入全部资金,也可以引进民间资本,但政府仍然处于主导地位或是大股东身份。政府拥有项目的决策权,并从项目的前期审批手续,到项目的建设以及后期的运营都会给予政策的引导与支持,其投资项目终极所有权归政府,这是其最大的一个特点。

(2) 投资项目多为公益性项目。政府投资项目是为了满足公共大众的需求,促进国民经济的发展或区域经济发展。这些项目以公益性项目为主,服务于社会经济发展,且大多数都是非盈利性的。由于政府投资项目公益性的特点,其投资回报率较低或者根本无法收回投资,导致期望获取利益的投资者不愿意参与,但这些项目一般都是国家或区域发展经济所不可或缺的。

(3) 大型政府投资项目具有更大投资风险和影响力。大型的政府投资项目会产生巨大的投资和风险,如果政府资金不参与进来,其他任何经济组织都无法承受项目建设所需的巨大资金量及可能产生的风险。因此,若政府投资项目投资决策者没有充分考虑各种风险因素,从而导致决策缺乏效率或科学性不高,产生失败项目,这将会给国家和人民带来一系列问题,如沉重的财政负担、资源环境破坏、社会分配不公等。

(4) 项目具有更严格的决策程序。正因为政府投资项目投资大、风险大、影响大的特点,同一般投资项目相比,在决策重大城市基础设施方案时,应充分根据城市发展趋势与功能定位,在遵照总体规划的基础上,执行严格的立项审批程序、财政审批程序、项目管理制度,综合考虑经济实力及各种因素,进行比较与优选,以保证政府财政基本建设资金不被浪费,这是政府投资项目的决策过程当中最为重要的方面。

(5) 管理程序严格,社会关注度高。政府投资项目的资金来源决定了其必须实施较一般非政府投资项目更为严格的管理程序,论证决策、审批程序、建设实施、监督管理、项目后评估,都需要更为规范、严格的一系列管理制度保证,以保障财政基本建设资金不被浪费,确保政府投资项目的投资效益。而且,政府投资项目更易成为社会公众和舆论关注的焦点。

实行审批制决策的项目,其决策的程序如图1-2。

(1) 编制项目建议书(初步可行性研究报告)。实行审批制的项目,必须依据国民经济和社会发展规划及国家宏观调控总体要求,编制三年滚动政府投资计划,明确计划内的重大项目,并与中期财政规划相衔接。建立覆盖各地区各部门的政府投资项目库,未入库项目原则上不予安排政府投资。项目单位根据规划要求委托有资质的工程咨询机构编制项目建议书(初步可行性研究报告),对项目建设的必要性、功能定位和主要建设内容、拟建地点、拟建规模、投资匡算、资金筹措以及社会效益和经济效益等进行初步分析。

由国家发展和改革委员会负责审批的项目,其项目建议书由具备相应资质的甲级工程咨询机构编制。

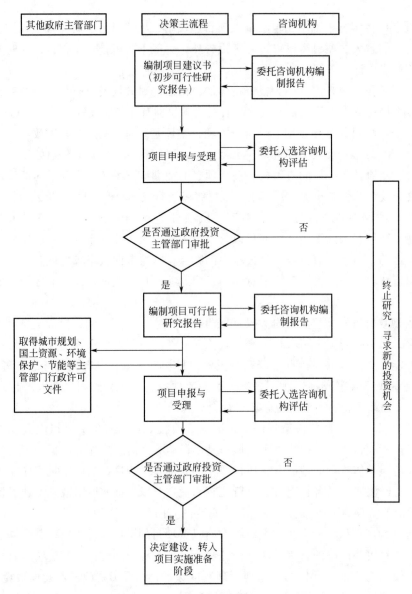

图 1-2 政府投资项目决策程序

（2）项目建议书的受理与审批。项目建议书编制完成后，按照规定的程序和事权，报送项目审批部门审批。申请安排中央预算内投资 3000 万元及以上的项目，以及需要跨地区、跨部门、跨领域统筹的项目，由国家发展和改革委员会审批或者由国家发展和改革委员会委托中央有关部门审批，其中特别重大项目由国家发展和改革委员会核报国务院批准；其余项目按照隶属关系，由中央有关部门审批后抄送国家发展和改革委员会。

项目审批部门对符合有关规定、确有必要建设的项目，批复项目建议书（一般称之为项目立项），并将批复文件抄送城乡规划、国土资源、环境保护等部门。如有必要，项目审批部门在受理项目建议书后委托入选其管理咨询库的工程咨询机构（以下简称"入选咨询机构"）进行评估。

项目审批部门在批准项目建议书之后，应当按照有关规定进行公示。公示期间征集到的主要意见和建议，作为编制和审批项目可行性研究报告的重要参考。

（3）编制项目可行性研究报告。项目建议书批准后，项目单位应当委托工程咨询机构编制可行性研究报告，对项目在技术和经济上的可行性及其社会效益、节能、资源综合利用、生态环境影响、社会稳定风险等进行全面分析论证，落实各项建设和运行保障条件，并按照有关规定取得相关行政许可或审查意见，向城乡规划、国土资源、环境保护等部门申请办理规划选址、用地预审、环境影响评价、节能等审批手续。可行性研究报告的编制格式、内容和深度应当达到规定要求。

由国家发展和改革委员会负责审批的项目，其可行性研究报告应当由具备相应资质的甲级工程咨询机构编制。

经国务院及有关部门批准的专项规划、区域规划中已经明确的项目，部分改扩建项目，以及建设内容单一、投资规模较小、技术方案简单的项目，可以简化相关文件内容和审批程序。

（4）项目可行性研究报告的受理与审批。项目可行性研究报告编制完成后，由项目单位按照原申报程序和事权向原项目审批部门申报可行性研究报告，并应附以下文件：① 城乡规划行政主管部门出具的选址意见书；② 国土资源行政主管部门出具的用地预审意见；③ 环境保护行政主管部门出具的环境影响评价审批文件；④ 项目的节能评估报告书、节能评估报告表或者节能登记表（需附地方有关部门出具的节能审查意见）；⑤ 根据有关规定应当提交的其他文件。

在项目审批部门受理项目可行性研究报告后，一般按规定时限委托相应资质的入选工程咨询机构进行项目评估。承担咨询评估任务的工程咨询机构不得承担同一项目建议书和可行性研究报告的编制工作。特别重大的项目还应实行专家评议制度。

项目审批部门对符合有关规定、具备建设条件的项目，批准项目可行性研究报告，并将批复文件抄送城乡规划、国土资源、环境保护等部门。

对于项目单位缺乏相关专业技术人员和建设管理经验的直接投资项目，项目审批部门应当在批复可行性研究报告时要求实行代理建设制度（简称"代建制"），通过招标方式选择具备工程管理资质的工程咨询机构，作为项目管理单位负责组织项目的建设实施。

（5）转入项目实施准备阶段，组织初步设计。经批准的项目可行性研究报告是确定建设项目的依据。项目单位可依据批复文件，按照规定要求向城乡规划、国土资源等部门申请办理规划许可、正式用地手续等，并委托具有相应资质的设计单位组织初步设计。

对于政府以资本金注入方式投资的项目，要确定出资人代表。创新不同的资金类型和资金运用方式，确定相应的管理办法，逐步实现政府投资项目的决策程序和资金管理的科学化、制度化和规范化。

为鼓励政府和社会资本合作，各地区、各部门可以根据需要和财力状况，通过特许经营、政府购买服务等方式，在交通、环保、医疗、养老等领域采取单个项目、组合项目、连片开发等多种形式，扩大公共产品和服务供给。根据《国务院关于创新重点领域投融资机制鼓励社会投资的指导意见》（国发〔2014〕60号），明确要求推广政府和社会资本合作（PPP）模式，加强政策引导，在公共服务、资源环境、生态保护、基础设施领域，积极推广PPP模式，规范选择项目合作伙伴，引入社会资本，增强公共产品供给能力。

1.2.2.2 核准制项目决策程序

实行核准制的投资项目范围和权限，由国务院颁发的《企业投资项目核准和备案管理条例》（国令第 673 号）和《政府核准的投资项目目录（2016 年本）》（以下简称《核准目录》）确定。

实行核准制决策的项目，是指不使用政府性资金，列入国务院颁发的《核准目录》内的重大项目和限制类项目。为落实企业投资自主权，坚持企业投资核准范围最小化，原则上由企业依法依规自主决策投资行为。对关系国家安全和生态安全、涉及全国重大生产力布局、战略性资源开发和重大公共利益等项目，实行核准管理。政府从维护社会公共利益角度确需依法进行审查把关的，应将相关事项以清单方式列明，最大限度缩减核准事项。实行企业投资项目"三个清单"管理制度，包括企业投资项目管理负面清单制度，除目录范围内的项目外，一律实行备案制，由企业按照有关规定向备案机关备案；企业投资项目管理权力清单制度，将各级政府部门行使的企业投资项目管理职权以清单形式明确下来，严格遵循职权法定原则，规范职权行使，优化管理流程；企业投资项目管理责任清单制度，厘清各级政府部门企业投资项目管理职权所对应的责任事项，明确责任主体，健全问责机制。"三个清单"实行动态管理机制，根据情况变化适时调整，做到依法、公开、透明。

实行核准制的企业投资项目，应当向核准机关提交项目申请书，不再经过批准项目建议书、可行性研究报告和开工报告程序。

企业投资项目决策是一个逐步研究深化的过程，从投资机会研究，到预可行性研究，再到可行性研究，建设内容和方案逐步优化完善，投资价值也逐渐明晰。按照公司法人治理结构的权责划分，企业投资项目一般由企业的战略投资部门研究提出，经经理层讨论后，报决策层审定，特别重大的投资决策还要报股东大会讨论通过。有的企业投资项目，是由项目发起人及其他投资人出资，组建具有独立法人资格的项目公司，出资人或其授权机构对工程项目进行投资决策。实行核准制的企业投资项目策划与决策程序如图 1-3。

（1）编制项目申请书。《政府核准的投资项目目录（2016 年本）》内企业投资的重大项目和限制类项目，在完成企业内部决策之后，由企业自主组织编制项目申请书，任何单位和个人不得强制企业委托中介服务机构编制项目申请书。核准机关应当制定并公布项目申请书示范文本，明确项目申请书编制要求。

项目申请书应当主要包括以下内容：

① 企业基本情况。
② 项目情况，包括项目名称、建设地点、建设规模、建设内容等。
③ 项目利用资源情况分析及对生态环境的影响分析。
④ 项目对经济和社会的影响分析。

法律、行政法规规定办理相关手续作为项目核准前置条件的，企业应当提交已经办理相关手续的证明文件。

（2）报送项目申请书。由地方政府核准的企业投资项目，应按照地方政府的有关规定，向相应地方的核准机关报送项目申请书。

由国务院有关部门核准的项目，企业可以通过项目所在地省、自治区、直辖市和计划单列市人民政府有关部门（以下称地方人民政府有关部门）转送项目申请书，地方人民政府有关部门应当自收到项目申请书之日起 5 个工作日内转送核准机关。

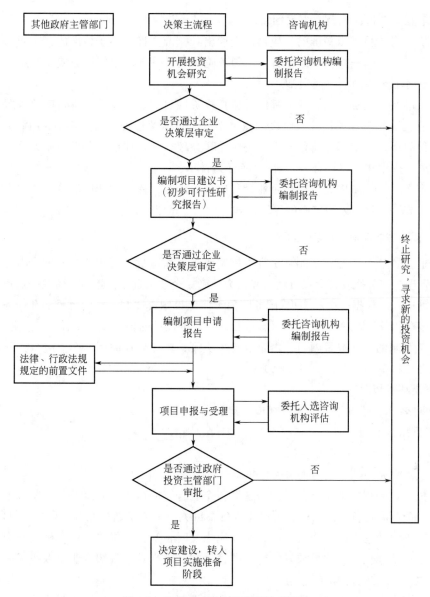

图 1-3 核准制企业投资项目决策程序

由国务院核准的项目,企业通过地方人民政府有关部门转送项目申请书的,地方人民政府有关部门应当在规定的期限内将项目申请书转送国务院投资主管部门,由国务院投资主管部门审核后报国务院核准。

(3)项目受理与项目核准。核准机关在受理项目申请书后,应当从下列方面对项目进行审查:

① 是否危害经济安全、社会安全、生态安全等国家安全。
② 是否符合相关发展建设规划、技术标准和产业政策。
③ 是否合理开发并有效利用资源。
④ 是否对重大公共利益产生不利影响。

项目涉及有关部门或者项目所在地地方人民政府职责的,核准机关应当书面征求其意见，被征求意见单位应当及时书面回复。

核准机关对项目予以核准的，应当向企业出具核准文件；不予核准的，应当书面通知企业并说明理由。由国务院核准的项目，由国务院投资主管部门根据国务院的决定向企业出具核准文件或者不予核准的书面通知。

实行核准制的投资项目，政府部门要依托投资项目在线审批监管平台或政务服务大厅实行并联核准。精简投资项目准入阶段的相关手续，只保留选址意见、用地（用海）预审以及重特大项目的环评审批作为前置条件；按照并联办理、联合评审的要求，相关部门要协同下放审批权限，探索建立多评合一、统一评审的新模式。

在一定领域、区域内先行试点企业投资项目承诺制，探索创新以政策性条件引导、企业信用承诺、监管有效约束为核心的管理模式。

1.2.2.3 备案制项目决策程序

对企业投资项目实行备案制，是投资体制改革精简审批、简政放权的重要内容，是改善企业投资管理，充分激发社会投资动力和活力，确立企业投资主体地位、落实企业投资决策自主权的关键措施。根据《中共中央 国务院关于深化投融资体制改革的意见》和国务院《企业投资项目核准和备案管理条例》，除《核准目录》范围以外的企业投资项目，一律实行备案制。

实行备案制的企业投资项目，由企业自主决策，按照属地原则，企业应当在开工建设前通过在线平台将下列信息告知备案机关：

① 企业基本情况。
② 项目名称、建设地点、建设规模、建设内容。
③ 项目总投资额。
④ 项目符合产业政策的声明。

企业应当对备案项目信息的真实性负责。

备案机关收到规定的全部信息即为备案；企业告知的信息不齐全的，备案机关应当指导企业补充。企业需要备案证明的，可以要求备案机关出具或者通过在线平台自行打印。

已备案项目信息发生较大变更的，企业应当及时告知备案机关。备案机关发现已备案项目属于产业政策禁止投资建设或者实行核准管理的，应当及时告知企业予以纠正或者依法办理核准手续，并通知有关部门。

企业投资项目的备案制，既不同于传统的审批制，也不同于投资体制改革决定中所规定的核准制。备案制的决策程序应更加简便，内容也应更简略。

项目备案申请单位依据项目备案证明和项目备案代码，办理规划、土地、施工、环保、消防、市政、质量技术监督、设备进口和减免税确认等后续手续。

为进一步简化、整合投资项目报建手续，取消投资项目报建阶段技术审查类的相关审批手续，探索实行先建后验的管理模式。

企业投资备案项目决策程序如图1-4所示。

1.2.2.4 政府和社会资本合作（PPP）项目决策程序

实施政府和社会资本合作（PPP）项目决策程序的项目，是指政府为增强公共产品和服务供给能力、提高供给效率，通过与社会资本建立利益共享、风险分担及长期合作关系来建设和运营的项目。

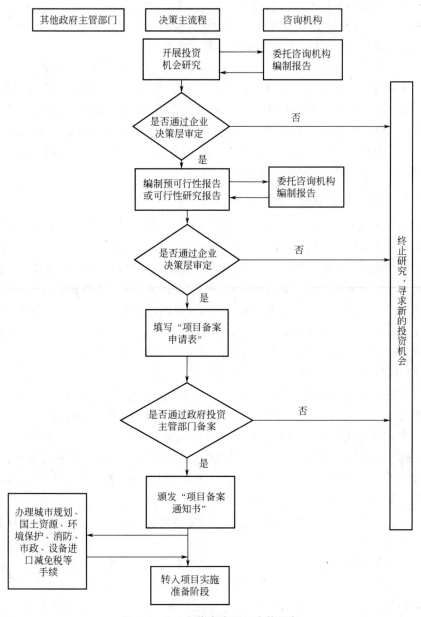

图 1-4 企业投资备案项目决策程序

这类项目的决策,一般仍应纳入正常的基本建设程序,按照审批制项目决策程序要求,编制项目建议书、项目可行性研究报告,进行相应的立项、决策审批。在此基础上,按照 PPP 模式的内涵、功能作用、适用范围和管理程序等规定,完善决策程序。

(1) 识别、筛选适用 PPP 模式备选项目,列入项目年度和中期开发计划。根据经济社会发展规划,从准备建设的公共服务、基础设施项目库中及时筛选 PPP 模式的适用项目,进行培育开发。投资主管部门、财政部门会同行业主管部门,经过对潜在 PPP 项目进行评估筛选,确定备选项目。根据筛选结果制定项目年度和中期开发计划。

(2) 项目准备,编制实施方案,交联审机构审查。县级(含)以上地方人民政府可建立专门协调机制，指定项目实施机构负责项目准备、采购、监管和移交等工作，会同行业管理部门建立联审机制，及时从项目储备库或社会资本提出申请的潜在项目中筛选条件成熟的建设项目，组织编制实施方案报告，并提交联审机构审查。

实施方案的内容主要包括项目概况、风险分配基本框架、项目运作方式、交易结构、合同体系、监管架构、采购方式等方面，应重点明确项目经济技术指标、经营服务标准、投资概算构成、投资回报方式、价格确定及调价方式、财政补贴及财政承诺等核心事项。

项目实施机构应对公共服务类项目实施方案进行经济性和财政承受能力验证。通过验证的，由项目实施机构报政府审核；未通过验证的，可在实施方案调整后重新验证。经重新验证仍不能通过的，不再采用政府和社会资本合作模式。

1.2.2.5 投资补助和贴息项目决策程序

根据国家发展和改革委员会发布的《中央预算内投资补助和贴息项目管理办法》（2016年国家发改委第45号令），投资补助是指国家和发展改革委员会对符合条件的地方政府投资项目和企业投资项目给予的投资资金补助；投资贴息是指国家和发展改革委员会对符合条件，使用了中长期银行贷款的投资项目给予的贷款利息补贴。投资补助和贴息资金均为无偿投入，重点用于市场不能有效配置资源、需要政府支持的经济和社会领域，具体包括公益性和公共基础设施、农业和农村、生态环境保护和修复、重大科技进步、社会管理和国家安全、符合国家有关规定的其他公共领域。对欠发达地区，特别是革命老区、民族地区、边疆地区和集中连片特殊困难地区的投资项目应当适当倾斜。

实施投资补助和贴息项目决策程序的项目，是指地方政府投资项目或企业投资核准或备案项目中需要申请中央预算内投资补助或贴息的项目。申请投资补助或者贴息资金的项目，应当列入三年滚动投资计划，并通过投资项目在线审批监管平台（以下简称"在线平台"）完成审批、核准或备案程序（地方政府投资项目应完成项目可行性研究报告或者初步设计审批），并提交资金申请报告。投资补助和贴息资金应当用于计划新开工或续建项目，原则上不得用于已完工项目。项目的投资补助和贴息金额原则上应当一次性核定，对于已经足额安排的项目，不得重复申请。同一项目原则上不得重复申请不同专项资金。这类项目的决策程序主要是以下内容。

（1）制定工作方案，发布申报公告或通知。国家发展和改革委员会根据《产业结构调整指导目录》《国家产业技术政策》《当前优先发展的高技术产业化重点领域指南》，以及其他相关专项规划和产业政策，首先制定工作方案或管理办法，明确投资补助和贴息的预定目标、实施周期、支持范围、资金安排方式、工作程序、监督管理等主要内容，并针对不同行业、不同地区、不同性质投资项目的具体情况，确定相应的投资补助和贴息标准，作为各专项投资补助和贴息项目管理的具体依据。

（2）编制、汇总资金申请报告。需要申请投资补助或者贴息资金的项目由项目单位编制资金申请报告，按程序报送项目汇总申报单位。资金申请报告应当包括以下内容。

① 项目单位的基本情况。

② 项目的基本情况，包括在线平台生成的项目代码、建设内容、总投资及资金来源、建设条件落实情况等。

③ 项目列入三年滚动投资计划，并通过在线平台完成审批（核准、备案）。

④ 申请投资补助或者贴息资金的主要理由和政策依据。

⑤ 工作方案或管理办法要求提供的其他内容。项目单位应对所提交的资金申请报告内容的真实性负责。

（3）资金申请报告的初审和申报。项目汇总申报单位按照工作方案要求，对资金申请报告提出审核意见，并汇总报送国家发展和改革委员会。资金申请报告可以单独报送，或者与年度投资计划申请合并报送。各省、自治区、直辖市和计划单列市、新疆生产建设兵团发展改革委（以下简称省级发展改革委）、计划单列企业集团和中央管理企业等为项目汇总申报单位。

项目汇总申报单位应当对资金申请报告的下列事项进行审核，并对审核结果和申报材料的真实性、合规性负责。

① 符合有关规定的资金投向和申请程序。

② 符合有关专项工作方案或管理办法的要求。

③ 项目的主要建设条件基本落实。

④ 项目已经列入三年滚动投资计划，并通过在线平台完成审批（核准、备案）。

（4）资金申请报告的批复和下达。国家发展和改革委员会应当按规定要求内容受理资金申请报告，并附以下文件的复印件。

① 实行审批管理的政府投资项目的可行性研究报告或者初步设计批复文件。

② 实行核准管理的企业投资项目的项目申请书核准批复文件。

③ 实行备案管理的企业投资项目的备案意见。

国家发展和改革委员会受理资金申请报告后，视具体情况对相关事项进行审查，确有必要时可以委托相关单位进行评审。项目单位被列入联合惩戒合作备忘录黑名单的，国家发展和改革委员会不予受理其资金申请报告。对于同意安排投资补助或者贴息资金的项目，国家发展和改革委员会应当批复其资金申请报告。资金申请报告可以单独批复，或者在下达投资计划时合并批复。批复资金申请报告应当确定给予项目的投资补助或者贴息金额，并根据项目实施和资金安排情况，一次或者分次下达投资计划。

采用贴息方式的，贴息资金总额根据项目符合贴息条件的贷款总额，按当地贴息率和贴息年限计算确定。贴息率应当不高于当期银行中长期贷款利率的上限。

对于补助地方的数量多、范围广、单项资金少的和下达年度投资规模计划时无法明确到具体项目的，国家发展和改革委员会可以打捆或切块下达年度投资计划。

1.2.2.6　国外贷款项目决策程序

根据国家发展和改革委员会发布的《国际金融组织和外国政府贷款投资项目管理暂行办法》（国家发展改革委第 28 号令），国际金融组织和外国政府贷款（简称国外贷款）项目，是指借用世界银行、亚洲开发银行、国际农业发展基金会等国际金融组织贷款和外国政府贷款及与贷款混合使用的赠款、联合融资等的投资项目。国外贷款属于国家主权外债，按照政府投资资金进行管理。其主要用于公益性和公共基础设施建设，保护和改善生态环境，促进欠发达地区经济和社会发展以及适应当前引进先进技术、设备和管理理念的新需求。

实施国外贷款项目决策程序的项目，是指利用国际金融组织和外国政府贷款，按政府投资资金管理的投资项目。这类项目的决策程序一般为以下几点。

（1）编制国外贷款备选项目规划。国外贷款备选项目规划是项目对外开展工作的依据。借用国外贷款的项目必须纳入国外贷款备选项目规划。国家发展改革委按照国民经济和社会发展规划、产业政策、外债管理及国外贷款使用原则和要求，编制国外贷款备选项目规划，并据此制定、下达年度项目签约计划。世界银行、亚洲开发银行贷款和日本政府日元贷款备选项目规划由国家发展改革委提出，商财政部后报国务院批准。

（2）申报纳入国外贷款备选项目。国务院行业主管部门、省级发展改革部门、计划单列企业集团和中央管理企业向国家发展改革委申报纳入国外贷款规划的备选项目。

国务院行业主管部门申报的项目，由地方政府安排配套资金、承担贷款偿还责任或提供贷款担保的，应当同时出具省级发展改革部门及有关部门意见。

申报纳入国外贷款的备选项目材料应包括以下内容：项目简要情况、项目建设必要性、拟申请借用国外贷款的类别或国别、贷款金额及用途贷款偿还责任。

纳入国外贷款备选的项目，应当区别不同情况履行相应审批、核准或备案手续。

① 由中央统借统还的项目，按照中央政府直接投资项目进行管理，其项目建议书、可行性研究报告由国家发展改革委审批或审核后报国务院审批。

② 由省级政府负责偿还或提供还款担保的项目，按照省级政府直接投资项目进行管理，其项目审批权限，按国务院及国家发展改革委的有关规定执行。除应当报国务院及国家发展改革委审批的项目外，其他项目的可行性研究报告均由省级发展改革投资部门合并批复。批复资金申请报告应当确定给予项目的投资补助或者贴息金额，并根据项目实施和资金安排情况，一次或者分次下达投资计划。

③ 由项目用款单位自行偿还且不需政府担保的项目，参照《政府核准的投资项目目录》的规定办理。凡《政府核准的投资项目目录》所列的项目，其项目申请书分别由省级发展改革部门、国家发展改革委核准或由国家发展改革委审核后报国务院核准；《政府核准的投资项目目录》之外的项目，报项目所在地省级发展改革部门备案。

（3）编制、提交项目资金申请报告。项目纳入国外贷款备选项目并完成审批、核准或备案手续后，项目用款单位应按国家规定要求编制项目资金申请报告并须向所在地省级发展改革部门提出项目资金申请报告。项目资金申请报告由省级发展改革部门初审后，报国务院发展改革部门审批；国务院行业主管部门、计划单列企业集团和中央管理企业的项目资金申请报告，直接报国家发展改革委审批。

由国务院及国家发展改革委审批的项目可行性研究报告，应当包括项目资金申请报告内容，不再单独审批项目资金申请报告。

项目资金申请报告应当附以下文件。

① 项目批准文件（项目可行性研究报告批准文件、项目申请书核准文件或项目备案文件）。

② 国际金融组织和日本国际协力银行贷款项目，提供国外贷款机构对项目的评估报告。

③ 国务院行业主管部门提出项目资金申请报告时，如项目需地方政府安排配套资金、承担贷款偿还责任或提供贷款担保的，出具省级发展改革部门及有关部门意见。

④ 申请使用限制性采购的国外贷款项目，出具对国外贷款条件、国外采购比例、设备价格等比选结果报告。

（4）项目资金申请报告的审批。国家发展改革委按规定条件受理项目资金申请报告，其审批的条件是：
① 符合国家利用国外贷款的政策及使用规定。
② 符合国外贷款备选项目规划。
③ 项目已按规定履行审批、核准或备案手续。
④ 国外贷款偿还和担保责任明确，还款资金来源及还款计划落实。
⑤ 国外贷款机构对项目贷款已初步承诺。

国务院及国家发展改革委对项目可行性研究报告或资金申请报告的批准文件，是对外谈判、签约和对内办理转贷生效、外债登记、招标采购和免税手续的依据。

未经国务院及国家发展改革委审批可行性研究报告或资金申请报告的项目，有关部门和单位不得对外签署贷款协定、协议和合同，外汇管理、税务、海关等部门及银行不予办理相关手续。

为适应新形势下利用国外贷款的新要求，国家发展改革委、财政部《关于国际金融组织和外国政府贷款管理改革有关问题的通知》（发改外资〔2015〕440号），要求依据"顶层设计、简政放权、公开透明"的原则，进一步研究优化整合国外贷款管理程序，以充分利用国外优惠贷款资源支持国家重点领域改革，统筹国外贷款项目规划方式改革，研究取消国外贷款项目资金申请报告和国际金融组织贷款谈判请示、引入第三方评估等改革措施，拟成熟一项、推动一项，并在相关法规中予以明确。

1.2.2.7 外商投资项目决策程序

目前我国已形成了对外开放新格局、新体制，利用外资持续保持高水平，2018年全国新设立外商投资企业60533家，同比增长69.8%；实际使用外资金额1349.7亿美元，同比增长3%（折8856.1亿元人民币，同比增长0.9%，未含银行、证券、保险领域数据）。而且更加注重吸收国外技术创新能力、先进管理经验以及高素质人才，进一步引进高端制造业，扩大开放服务业。

对于外商投资项目，政府对企业提交的项目申请书或备案申请，除从维护经济安全、合理开发利用资源、保护生态环境、优化产业布局、保障公共利益、防止出现垄断等方面进行审核外，还要从市场准入、资本项目管理等方面进行审核。

根据国家发展改革委《外商投资项目核准和备案管理办法》（发展改革委令第12号），对中外合资、中外合作、外商独资、外商投资合伙、外商并购境内企业、外商投资企业增资及再投资项目等各类外商投资项目，实行核准和备案两种方式分类管理，分别为以下内容。

（1）外商投资项目核准决策程序。实施外商投资项目决策程序的项目，是指根据《政府核准的投资项目目录（2016年本）》对各类外商投资执行核准决策程序的项目。其核准的事权，按照国家颁发的《外商投资产业指导目录》执行。

对于《外商投资产业指导目录》中有中方控股（含相对控股）要求的总投资（含增资）3亿美元及以上的限制类项目，由国务院主管部门核准，其中总投资（含增资）20亿美元及以上报国务院备案。总投资（含增资）3亿美元以下的限制类（不含房地产）项目，下放省级政府核准。

由地方政府核准的项目，省级政府可以根据本地实际情况具体划分地方各级政府的核准权限。核准权限属于国家发展改革委核准的项目，其决策程序为以下内容。

① 编制项目申请书。项目申请单位按国家有关要求和内容编制项目申请书，并向项目所在地省级发展改革部门报送项目申请书。项目申请书应包括以下内容：项目及投资方情况、资源利用和生态环境影响分析、经济和社会影响分析。

外国投资者并购境内企业的项目申请书应包括并购方情况、并购安排、融资方案和被并购方情况，被并购后经营方式、范围和股权结构，所得收入的使用安排等。

项目申请书应附以下文件：

a. 中外投资各方的企业注册证明材料及经审计的最新企业财务报表（包括资产负债表、利润表和现金流量表）、开户银行出具的资金信用证明。

b. 投资意向书，增资、并购项目的公司董事会决议。

c. 城乡规划行政主管部门出具的选址意见书（仅指以划拨方式提供国有土地使用权的项目）。

d. 国土资源行政主管部门出具的用地预审意见（不涉及新增用地，在已批准的建设用地范围内进行改扩建项目，可以不进行用地预审）。

e. 环境保护行政主管部门出具的环境影响评价审批文件。

f. 地方节能审查机关出具的节能审查意见。

g. 以国有资产出资的，需有有关主管部门出具的确认文件。

h. 根据有关法律法规的规定应当提交的其他文件。

② 项目申请书初审。项目所在地省级发展改革部门对项目申请书提出初审意见后，向国家发展改革委报送项目申请书。计划单列企业集团和中央管理企业可直接向国家发展改革委报送项目申请书，并附项目所在地省级发展改革部门的意见。

③ 受理项目申请书。项目核准机关在受理项目申请书后对需要进行评估论证的重点问题委托有资质入选的咨询机构进行评估论证，接受委托的咨询机构应在规定的时间内提出评估报告。

对于可能会对公共利益造成重大影响的项目，项目核准机关在进行核准时应采取适当方式征求公众意见。对于特别重大的项目，可以实行专家评议制度。

④ 项目申请书核准审批。项目核准机关自受理项目核准申请之日起20个工作日内（委托咨询评估和进行专家评估所需的时间不在规定的核准期限的计算时间内），完成对项目申请书的核准。如20个工作日内不能做出核准决定的，由本部门负责人批准延长10个工作日，并将延长期限的理由告知项目申报单位。

对外商投资项目核准的条件包括：

a. 符合国家有关法律法规和《外商投资产业指导目录》《中西部地区外商投资优势产业目录》的规定。

b. 符合发展规划、产业政策及准入标准。

c. 合理开发并有效利用资源。

d. 不影响国家安全和生态安全。

e. 不对公众利益产生重大不利影响。

f. 符合国家资本项目管理、外债管理的有关规定。

对予以核准的项目，项目核准机关应向项目申请单位出具书面核准文件，并抄送同级行业管理、城乡规划、国土资源、环境保护、节能审查等相关部门；对不予核准的项目，应以书面决定通知项目申请人，说明理由，并告知项目申请人享有依法申请行政复议或者提起行政诉讼的权利。

（2）外商投资项目备案决策程序。对于在《核准目录》和《外商投资产业指导目录》规定核准范围以外的外商投资项目，由地方政府投资主管部门备案。外商投资项目备案，需符合国家有关法律法规、发展规划、产业政策及准入标准，符合《外商投资产业指导目录》《中西部地区外商投资优势产业目录》。

拟申请备案的外商投资项目，需由项目申请单位向地方投资主管部门提交项目和投资方基本情况等信息，并附中外投资各方的企业注册证明材料、投资意向书及增资、并购项目的公司董事会决议等其他相关资料。

1.2.2.8 境外投资项目决策程序

当前，我国对外开放的境外投资环境和内在条件都发生了深刻变化，在积极引进国外资金、技术和管理的同时，大力实施"走出去"战略，特别是加快推进"一带一路"倡议，我国共对156个国家和地区的境外企业进行了非金融类直接投资，对外投资额已超过我国利用外商投资额，成为净资本输出国。

根据国家发展改革委《境外投资项目核准和备案管理办法》，境外投资项目是国内各类法人（简称投资主体）以新建、购并、参股、增资和注资等方式进行的境外投资项目，以及投资主体以提供融资或担保等方式通过其境外企业或机构实施的境外投资项目。所称的境外投资项目，是指投资主体通过投入货币、有价证券、实物、知识产权或技术、股权、债权等资产和权益或提供担保，获得境外所有权、经营管理权及其他相关权益的项目。

实施境外投资项目决策的项目是指国内投资主体对境外投资项目进行决策的项目，国家根据不同情况对境外投资项目分别实行核准和备案管理。其核准或备案的主流程与外商投资项目决策程序相近。但由于境外投资项目涉及国内不同的行业主管部门，受我国法律允许境外投资领域限制，以及满足决策的法规、文化、环境条件和信息依据情况复杂，根据我国投资体制改革的有关法规，仍需从维护国家经济安全、符合产业政策、保障公共利益、资本项目管理等公共管理角度进行项目核准或备案管理。国家发展改革委会同有关部门加强对企业境外投资的宏观指导、投向引导和综合服务，并通过多双边投资合作和对话机制，为投资主体实施境外投资项目积极创造有利的外部环境。

为提高境外投资项目决策水平，降低投资风险，在实施境外投资项目决策程序中，应重点把握境外投资项目的界定和内涵。根据《境外投资项目核准和备案管理办法》，境外投资项目的界定和内涵主要是以下内容。

（1）投资主体。可分两类情况，一是在中国境内的各类法人，包括各类工商企业、国家授权投资的机构和部门、事业单位等，也包括自然人；二是由国内投资主体控股的境外企业或机构。

（2）投资地区。除台湾地区参照《境外投资项目核准和备案管理方法》规定，另行制定具体管理办法外，香港特别行政区、澳门特别行政区与其他境外地区执行《境外投资项目核准和备案管理方法》。

（3）境外出资额。境外投资项目中方投资额，包括为境外投资项目投入的货币，有价证券、实物、知识产权或技术、股权、债券等资产和权益或提供担保的总额。

（4）投资形式。包括各类新建项目及改扩建项目的初始投资、再投资，还包括收购、购并、参股、增资扩股等权益投资活动，以及对境外投资提供担保的行为等。

（5）投资目的。包括获得境外资产或经营所有权、经营管理权及其他相关权益，如收益分配权、资产支配权、资源勘探或开发权等。

（6）法律允许。包括我国和投资所在国（地区）法律允许投资的行业或领域等。投资主体凭核准文件或备案通知书，依法办理外汇、海关、出入境管理和税收等相关手续；对于未按规定权限和程序核准或备案的项目，有关部门不得办理相关手续，金融机构不得发放贷款。

境外投资项目实行核准和备案两种方式分类管理，分别为以下内容。

（1）境外投资项目核准决策程序。中方投资额3亿美元及以上的境外投资项目，报国务院投资主管部门备案。涉及敏感国家和地区、敏感行业的投资项目不分限额，由国务院投资主管部门核准。其中，中方投资额20亿美元及以上，并涉及敏感国家和地区、敏感行业的境外投资项目，由国家发展改革委提出审核意见报国务院核准。所称敏感国家和地区，包括未建交和受国际制裁的国家和地区，发生战争、内乱等的国家和地区；所称敏感行业，包括基础电信运营，跨境水资源开发利用，大规模土地开发，输电干线、电网，新闻传媒等行业。

由国家发展改革委核准或由国家发展改革委审核意见报国务院核准的境外投资项目，地方企业直接向所在地的省级政府发展改革部门提交项目申请书，由省级政府发展改革部门提出审核意见后报国家发展改革委；中央管理企业由集团公司或总公司直接向国家发展改革委报送项目申请书。

项目申请书主要包括项目名称、投资主体情况、项目必要性分析、背景及投资环境情况、项目实施内容、投融资方案、风险分析等内容。其示范编制大纲由国家发展改革委发布。项目申请书应附以下附件：

① 公司董事会决议或相关出资决议。

② 投资主体及外方资产、经营和资信情况文件。

③ 银行出具的融资意向书。

④ 以有价证券、实物、知识产权或技术、股权等资产权益出资的，按资产权益的评估价值或公允价值核定出资额，并应提交具备相应资质的会计师事务所、资产评估等中介机构出具的审计报告、资产评估报告及有权机构的确认函，或其他可证明有关资产权益价值的第三方文件。

⑤ 投标、并购或合资合作项目，应提交中外方签署的意向书或框架协议等文件。

国家发展改革委有关项目申请书的受理、委托入选工程咨询机构评估以及核准时限、核准或不予核准的书面决定通知、依法申请行政复议或者提起行政诉讼权利等，与企业投资项目核准制要求相似。

国家发展改革委核准境外投资项目的条件为：

① 符合国家法律法规和产业政策、境外投资政策。

② 符合互利共赢、共同发展的原则，不危害国家主权、安全和公共利益，不违反我国缔结或参加的国际条约。

③ 符合国家资本项目管理相关规定。

④ 投资主体具备相应的投资实力。

中方投资额3亿美元及以上的境外收购或竞标项目，投资主体在对外开展实质性工作之前,应向国家发展改革委报送项目信息报告。国家发展改革委收到项目信息报告后,对符合国家境外投资政策的项目出具确认函。所称境外收购项目,是指投资主体以协议、要约等方式收购境外企业全部或部分股权、资产或其他权益的项目;所称境外竞标项目,是指投资主体通过参与境外公开或不公开竞争性投标等方式获得境外企业全部或者部分股权、资产或其他权益的项目;所称对外开展实质性工作,是指对外签署约束性协议、提出约束性报价及向对方国家或地区政府审查部门提出申请。

(2)境外投资项目备案决策程序。除实施项目核准制以外的境外投资项目(指《境外投资项目核准和备案管理办法》第七条规定之外的境外投资项目实行备案管理)。关于境内企业通过其控制的境外企业开展的境外投资,采取"事前管理有区别,事中事后全覆盖"的管理思路:对其中的敏感类项目实行核准管理;对其中的非敏感类项目,中方投资额3亿美元及以上的,投资主体应当将有关信息告知国家发展改革委,而中方投资额3亿美元以下的不需要告知。

属于国家发展改革委备案的项目,地方企业应填报境外投资项目备案申请表并附有关附件,直接提交所在地的省级政府发展改革部门,由省级政府发展改革部门报送国家发展改革委;中央管理企业由集团公司或总公司向国家发展改革委报送备案申请表及有关附件。

国家发展改革委对申请备案的境外投资项目,主要从是否属于备案管理范围,是否符合相关法律法规、产业政策和境外投资政策,是否符合国家资本项目管理相关规定,是否危害国家主权、安全、公共利益,以及投资主体是否具备相应投资实力等方面进行审核。并按规定时限对符合备案条件的境外投资项目出具备案通知书;对不予备案的境外投资项目,以书面决定方式通知申报单位并说明理由,投资主体享有依法申请行政复议或者提起行政诉讼的权利。

1.2.3 项目决策责任

项目投资决策涉及政府投资主管部门、项目(法人)单位、咨询机构和相关政府职能部门、金融机构等单位。根据投资体制改革和现代企业制度的要求,要建立投资决策责任追究制度,明确项目投资决策相关单位的职责和责任。

1.2.3.1 政府投资主管部门

在项目决策过程中,政府投资主管部门对项目的审批(核准)以及向国务院提出审批(核准)的审查意见承担责任,着重审查项目是否符合国家宏观调控政策、发展建设规划和产业政策,是否维护经济安全和公众利益,资源开发利用和重大布局是否合理,能耗指标是否先进,节能措施是否合理,是否有效防止出现垄断,是否有利于防范和化解社会稳定风险等。同时,要求国家和地方建立项目在线监管平台,加强事中、事后监管,严格责任追究。

投资主管部门和有关部门违法进行项目审批或企业核准、备案的,责令限期改正;对玩忽职守、滥用职权、徇私舞弊的,对负有责任的领导人员和直接负责人员依法给予处分;构成犯罪的,依法追究刑事责任。

1.2.3.2 项目(法人)单位

项目(法人)单位对项目的申报程序是否符合有关规定、申报材料是否真实、是否按照经审批或核准的建设内容进行建设负责,并承担投资项目的市场前景、技术方案、资金来源、经济效益等方面的风险。

在投资决策时，项目（法人）单位有下列行为之一的，投资主管部门和有关部门责令限期整改、暂停项目或者暂停资金拨付；对直接负责的主管人员和其他直接责任人员，3年内禁止其负责使用政府投资资金项目的管理工作，并视情节轻重依法追究其行政或法律责任；构成犯罪的，依法追究刑事责任。行为包括：

① 提供虚假信息骗取政府投资资金的。
② 未按规定履行有关程序擅自开工的。
③ 未经批准擅自提高或者降低建设标准，改变建设内容，扩大或者缩小投资规模的。
④ 转移、侵占或者挪用建设资金的。
⑤ 未及时办理竣工验收手续，或者未经竣工验收或者验收不合格即交付使用的。
⑥ 已经批准的项目，无正当理由未及时实施或者完成的。
⑦ 其他严重违反相关规定等行为。

对于以不正当手段取得核准或备案手续以及未按照核准内容进行建设的项目，核准、备案机关应当根据情节轻重依法给予警告、罚款、责令限期改正、停止建设、停产等处罚；对于未依法办理其他相关手续擅自开工建设，以及建设过程中违反城乡规划、土地管理、环境保护、安全生产等方面的法律法规的项目，相关部门应依法予以处罚。相关责任人员涉嫌犯罪的，依法移送司法机关处理。

1.2.3.3 咨询机构

各类投资中介服务咨询机构要坚持诚信原则，加强自我约束，增强服务意识和社会责任意识，塑造诚信高效、社会信赖的行业形象。

咨询机构对工程项目策划的每个质量控制点（前期准备、现场调研、撰写报告等）严格把关，细致研究项目相关材料，认真撰写论证报告，确保论证报告格式规范、内容完整、引用数据和参数可靠、所采用方法科学、测算结果准确、文字表述精练，并对咨询评价结论负责。在房屋建筑、市政基础设施等工程建设中，鼓励建设单位委托咨询单位提供招标代理、勘察、设计、监理、造价、项目管理等全过程咨询服务，满足建设单位一体化服务需求，增强工程建设过程的协同性。全过程咨询单位应当以工程质量和安全为前提，帮助建设单位提高建设效率、节约建设资金。

要充分发挥政府投资项目和国有企业投资项目的示范引领作用，引导一批有影响力、有示范作用的政府投资项目和国有企业投资项目带头推行工程建设全过程咨询。鼓励民间投资项目的建设单位根据项目规模和特点，本着信誉可靠、综合能力和效率优先的原则，依法选择优秀团队实施工程建设全过程咨询。

全过程咨询单位提供勘察、设计、监理或造价咨询服务时，应当具有与工程规模及委托内容相适应的资质条件。全过程咨询服务单位应当自行完成自有资质证书许可范围内的业务，在保证整个工程项目完整性的前提下，按照合同约定或经建设单位同意，可将自有资质证书许可范围外的咨询业务依法依规择优委托给具有相应资质或能力的单位，全过程咨询服务单位应对被委托单位的委托业务负总责。建设单位选择具有相应工程勘察、设计、监理或造价咨询资质的单位开展全过程咨询服务的，除法律法规另有规定外，可不再另行委托勘察、设计、监理或造价咨询单位。

工程咨询机构存在弄虚作假、泄露委托方的商业秘密以及采取不正当竞争手段，损害其他工程咨询单位利益，严重违反职业道德和行业准则，经核实咨询成果发生严重质量问题的，国家发展改革委可根据情节轻重，分别给予警告、通报批评、停业整顿、降级直至取消工程咨询单位资格的处罚，构成犯罪的，依法追究刑事责任。

根据《国家发展改革委投资咨询评估管理办法》（发改投资规〔2018〕1604号）规定，咨询评估机构有下列情形之一，国家发展改革委可以依据情节轻重对其提出警告、从承担国家发展改革委委托咨询评估任务的评估机构中删除，并依据工程咨询单位资格管理的有关规定作出相应处罚。对违法违规行为建立信用记录，纳入国家统一的信用信息共享交换平台。情节严重的，按有关规定向社会公开。

① 咨询评估报告有重大失误或质量低劣。
② 咨询评估过程中有违反《国家发展改革委投资咨询评估管理办法》规定的行为。
③ 累计两次拒绝接受委托任务。
④ 累计两次未在规定时限或者经批准的选项时限内完成评估任务。
⑤ 其他违反国家法律法规规定的行为。

1.2.3.4 政府职能部门

① 环境保护主管部门。环境保护主管部门应根据项目对环境影响程度实行分级分类管理，对环境影响大、环境风险高的项目严格环评审批，并强化事中事后监管。对是否符合环境影响评价的法律法规要求，是否符合环境功能区划，拟采取的环保措施能否有效治理环境污染和防止生态破坏等负责。

② 国土资源主管部门。国土资源主管部门对项目是否符合土地利用总体规划和国家供地政策，项目拟用地规模是否符合有关规定和控制要求，补充耕地方案是否可行，对土地、矿产资源开发利用是否合理负责。

③ 城市规划主管部门。城市规划主管部门对项目是否符合城市规划要求、选址是否合理等负责。

④ 相关行业主管部门。相关行业主管部门对项目是否符合国家法律法规、行业发展建设规划以及行业管理的有关规定负责。

⑤ 其他有关主管部门。其他有关主管部门对项目是否符合国家法律法规和国务院的有关规定负责。

1.2.3.5 金融机构

金融机构按照国家有关规定对申请贷款的项目独立审贷，对贷款风险负责。

1.3 项目决策前期工作的组织管理

项目决策的前期工作包括，由相应资质的工程咨询机构编制项目建议书（初步可行性研究报告）、可行性研究报告、项目申请书，以及按照相关规定编制项目资金申请报告；在政府受理审批或核准后，为提高科学决策水平，一般也由入选的工程咨询机构进行咨询评估，并在规定时限（在委托书内明确）内出具相应评估报告。

1.3.1 项目决策前期工作的任务及基本要求

项目决策前期工作，是指在项目前期酝酿的不同研究阶段，对项目建设方案构造进行分析评价的全过程，其目的是为项目决策提供科学可靠的依据。项目前期工作过程，采取由粗到细、由浅到深的进行方式。

（1）项目前期工作的任务。

① 分析项目建设的必要性，推荐符合市场需求的产品（服务）方案和建设规模。

② 分析项目建设的可能性，研究项目运营发展所必需的条件。

③ 比较并推荐先进、可靠、适用的项目建设方案。

④ 估算项目建设与运营所需的投资和费用，计算项目的盈利能力与偿债能力。

⑤ 从经济、社会、资源及环境影响的角度，分析评价项目建设与运营所产生的外部影响，分析评价项目的经济合理性、与所处的社会环境是否和谐以及资源节约和综合利用效果。

⑥ 分析项目存在的风险，并提出防范和降低风险的措施。

⑦ 在上述分析评价归纳总结的基础上，提出项目目标的可能实现程度，判别项目建设的必要性和技术经济的可行性的研究结论。

⑧ 对项目建设与运营的有关问题及应采取的措施提出必要的建议。

（2）项目前期工作的基本要求。

① 贯彻落实国家的各项政策。根据中央城市工作会议精神及《中共中央 国务院关于深化投融资体制改革的意见》（中发〔2016〕18号）、《国务院办公厅关于促进建筑业持续健康发展的意见》（国办发〔2017〕19号）等要求，推进全过程工程咨询服务，提高建设效率、节约建设资金。

② 资料数据准确可靠。主要资料数据有：

a. 国家和地方的经济及社会发展规划、行业部门的发展规划，如江河流域开发治理规划、铁路公路的路网规划、电力电网规划、森林开发规划，以及企业发展战略规划等。

b. 国家颁布的产业政策、土地政策、环境保护政策、资源利用政策、税收政策、金融政策等。

c. 国家颁布的有关技术、经济、工程方面的规范、标准、定额等。

d. 国家颁布的有关项目评价的基本参数和指标。

e. 拟建项目厂（场）址的自然、地理、气象、水文、地质、社会、经济等基础数据资料，交通运输和环境保护资料。

f. 合资、合作项目各方签订的协议书或意向书。

g. 与拟建项目有关的各种市场信息资料或社会公众要求等。

由于项目决策分析与评价是个动态过程，在实施中要注意新情况的出现，要及时、全面、准确地获取新的信息，必要时做出追踪决策分析。

（3）方法科学。项目决策分析与评价方法很多，可归纳为三大类：经验判断法、数学分析法、试验法，要根据不同情况选择不同的方法，并通过多种方法进行验证，以保证分析与评价的准确性。

（4）定量分析与定性分析相结合，以定量分析为主。投资项目决策分析与评价的本质是对项目建设和运营过程中各种经济因素给出明确的数量概念，通过费用和效益的计算、比选取舍。有些复杂的项目，会有一些因素不能量化，不能直接进行定量分析，只能通过文字描述、对比，进行定性分析。在项目决策分析与评价时，应遵循定量分析与定性分析相结合，以定量分析为主的原则。由于项目的不确定性、不可预见性等因素，有时候定性分析反而很重要。

（5）动态分析与静态分析相结合，以动态分析为主。动态分析是指在项目决策分析与评价时要考虑资金的时间价值，对项目在整个计算期内费用与效益进行折（贴）现现金流量分析。动态分析方法将不同时点的现金流入和流出换算成同一时点的价值，为不同项目、不同方案的比较提供可比的基础。动态分析指标主要有内部收益率、净现值、净年值等指标。

静态分析是指在项目决策分析与评价时不考虑资金的时间价值，把不同时点的现金流入和流出看成是等值的分析方法，也称为非折（贴）现现金流量分析。静态分析方法不能准确反映项目费用与效益的价值量，但指标计算简便、易于理解。静态分析指标主要有项目静态投资回收期、总投资收益率等指标。在项目决策分析与评价中应遵循动态分析与静态分析相结合、以动态分析为主的原则，根据工作阶段和深度要求的不同，选择采用动态分析指标与静态分析指标。

（6）项目多方案比较。项目前期工作的主要任务，是按照功能化、工程化、数量化要求，进行方案构造设计，要在对建设规模与产品方案、工艺技术方案、工程方案、场（厂）址选择方案、环境保护治理方案、资源利用方案、融资方案等各方案可行性选择的基础上，再从技术和经济相结合的角度进行项目多方案综合分析论证，经过比选优化，从中选定推荐方案。多方案比选，也可以采用专家评分法、目标排序法等方法进行综合评价选择。

1.3.2 项目决策前期工作的组织

项目前期工作从项目提出、明确工作任务，到提交项目建议书（初步可行性研究）、项目可行性研究报告或项目申请书，是一个较长、逐步深化的过程。根据国家现行项目审批或核准、备案办法的规定，上述报告一般应委托具备相应工程咨询资质的机构编制。项目业主和受委托的工程咨询机构都要依据签订协议（合同）及时沟通协调，精心地组织与管理。

（1）确定工作任务。工程咨询机构通过与委托单位沟通，了解委托要求，明确策划工作范围，并就项目策划工作的重点内容、质量要求、完成时间、费用等交换意见，签订委托协议（合同）。

（2）组建工作小组。根据委托任务的性质、工作量、时间进度等，组建工作小组，提出所需参与人员及专家，组成工作团队。如编制可行性研究报告，工作团队需要配置市场研究、工程技术、资源环境、经济社会等领域的专家；如编制项目申请书，工作团队可侧重于项目的外部影响和公共利益影响等方面配置合适的专家。

（3）制订工作计划。拟定项目工作方案，编写论证报告大纲，确定调研方案，细化工作进度安排、项目费用预算、人员配置、资料清单、访谈单位和调研提纲等，并与委托单位交换意见。

（4）调查收集资料。工作小组根据工作计划及项目论证报告大纲，编写调研提纲，组织实地调查，收集整理与项目相关的政策法规、产业、资源、环境、社会、市场等信息资料。

在工作中，必须不断地对自然环境、市场环境、宏观经济环境、政策环境及建设环境等进行调查分析，并对环境发展趋势进行合理的预测。

（5）方案比选。在调查研究收集资料信息的基础上，根据确定的项目论证报告编写大纲，构造项目方案，开展技术经济比选论证工作。

（6）方案评价。分析评价项目方案，包括项目的市场、技术、工程、环境、节能、经济、社会和风险等方面。当有关评价指标结论不足以支持项目方案成立时，应进行调整或者放弃原有方案，重新工作。

（7）编写论证报告。在现场调研、方案及分析评价的基础上，按有关规定，起草完成项目论证报告。对于重大或复杂问题，需要开展专题研究，必要时进行补充调研。

（8）修改完善报告。项目论证报告初稿完成后，应与委托单位交换意见，必要时征求其他利益相关者的意见。通过反复沟通、集思广益，不断修改完善，最终形成正式报告。

承担项目前期工作任务的工程咨询机构，按照协议（合同）约定开展工作，按委托要求时限提交论证报告，并对报告结论负责。

1.3.3 项目决策前期工作的质量保证

项目前期工作的质量是整个项目成败的关键因素。不宜盲目追求进度和节约费用，应重在质量管理，为投资决策的科学性、可靠性提供依据。为此，应实行严格的质量管理责任制，特别是建立完善项目经理责任制和成果质量评审制，使工程的参与者各个环节的工作处于有序和受控状态，以确保工作的质量。

1.3.3.1 参与人员的执业资格要求

首先，项目经理负责制是保证项目前期工作质量的基础。工程建设全过程咨询项目负责人应当取得工程建设类注册执业资格且具有工程类、工程经济类高级职称，并具有类似工程经验。对于工程建设全过程咨询服务中承担工程勘察、设计、监理或造价咨询业务的负责人，应具有法律法规规定的相应执业资格。全过程咨询服务单位应根据项目管理需要配备具有相应执业能力的专业技术人员和管理人员。设计单位在民用建筑中实施全过程咨询的，要充分发挥建筑师的主导作用。其次，在工作中要主动加强对法律法规、宏观政策、新技术、新知识的学习。按照科学发展观及委托方的要求提出解决问题的有效措施。最后，要认真分析项目特点，研究项目相关材料，深入现场调研，并针对每个质量控制点（前期准备、现场调研、撰写报告等）及时与有关部门和业内专家进行沟通，做到分析方法科学，引用数据可靠，测算结果准确，报告内容完整，文字表述精练，结论明了清晰。

1.3.3.2 成果质量评审制

加强项目前期策划各中间环节成果的评审是确保策划最终成果质量的重要手段。项目前期策划咨询成果是一种无形产品，通过评审，可以吸取更多专家的知识和智慧，及时发现问题，补充、优化策划成果，提高策划咨询成果的质量。为保证工程项目前期策划工作质量，应要求承担工程项目前期策划工作的咨询机构通过 ISO 9001—2000 质量管理体系的认证，建立起一套严谨、科学的工作质量保证体系，从作业标准、作业程序、作业方法到策划成果的质量评审与考核形成一整套完整的制度规范，从而确保为业主提供高质量的策划咨询成果。质量评审包括内部评审和外部评审。

（1）内部评审。包括项目团队组织的内部评审。项目负责人是项目质量管理的基层负责人，前期工作完成以后，项目负责人要组织本项目的参加人员对项目前期工作咨询成果进行自我评审。依据项目质量要求，逐项自我检查，并进行必要的修正。组织内部评审，由咨询企业行政、技术、业务主管领导参加。根据需要，也可邀请各有关部门或社会上的专家参加。对评审中发现的问题，应进行修改完善，以达到质量要求标准。

（2）外部评审。包括项目业主组织的评审。项目业主邀请社会上的专家、学者、行政领导，对咨询机构提供的策划咨询成果进行评审。特殊情况下，还可以邀请国外专家参加评审。评审的主要内容是根据合同文件要求和国家一系列规定，审查前期工作成果是否满足国家和投资业主的要求；也可委托另外一家有权威的咨询机构进行评审，对策划咨询报告进行优化。

1.3.3.3 成果质量评价标准

由于工程项目工作咨询成果，绝大多数很难用定量标准来衡量和评价，从而要求有一套定性和定量相结合的评价标准来进行评价。不同性质、不同类型的工程项目，其目标和评价标准有所不同，但一般应考虑下列基本方面：

（1）工程咨询成果与国家有关法律法规政策的符合性。咨询成果首先要符合国家的宏观经济调控政策、产业发展政策、可持续发展政策等要求，符合国家、地区及有关部门制定发布的法律、法规、规范、标准等要求。

（2）工程咨询成果与国民经济和社会事业发展目标的一致性。工程咨询成果质量将影响工程项目建成后的作用和社会经济效果的发挥。许多工程项目关系到国民经济、社会事业发展和人民群众的根本利益。从履行社会责任，促进和谐、共享发展的角度看，工程咨询成果应有利于社会公共利益，不得损害人民群众的切身利益。

（3）工程咨询成果与委托单位要求的满意性。让委托单位满意，是检验咨询服务成果的基本要求。委托单位的要求应符合有关法律法规规定，不得损害社会公共利益。同时，委托单位对前期工作成果一般都有其自身特殊要求，并以合同条款等方式进行约定，工程咨询单位必须认真予以执行，按双方约定办事，提高咨询服务的质量和效率。

（4）工程咨询成果与各方利益权衡的协调性。拟建工程项目往往存在多个参与方，影响多个利益相关者，工程咨询成果必须有可操作性，并且通过咨询成果的实施，使各参与方都能获得利益，充分发挥和调动各参与方的积极性和创造性，这样才能保证工程咨询成果的顺利实现。

1.3.4 工程咨询产业创新升级

项目策划不仅在项目前期决策阶段发挥着重要作用，而且贯穿于项目建设的全过程。《中共中央 国务院关于深化投融资体制改革的意见》明确提出，要加强政府投资事中事后监管，完善重大项目稽查制度，建立政府投资项目后评价制度，进行全过程监管；随着投融资体制改革的逐步深入，将进一步简化企业投资项目核准或备案手续，优化办理流程，创新服务管理模式。为此，要求各类投资中介服务机构要坚持诚信原则，加强自我约束，增强服务意识和社会责任意识，塑造诚信高效、社会信赖的行业形象，健全行业规范和标准，提高服务质量。这就意味着工程咨询行业及其机构在项目建设周期全过程中的作用更加重要，对加快工程咨询业转型升级，主动适应经济发展新常态、新需求，扩展咨询业务新领域、新业态，提出了更高要求。

1.3.4.1 积极构建工程咨询新型智库，广泛参与决策咨询服务

充分发挥工程咨询综合优势和专业特长，面向重点行业产业，围绕国有企业改革、产业结构调整、产业发展规划、产业技术方向、产业政策制定、重大工程项目等开展决策咨询研究，提供战略性、前瞻性、操作性强的政策建议，推动有条件的工程咨询机构加快建设中国特色新型智库，广泛参与决策咨询服务。

1.3.4.2 继续深化传统决策咨询和工程管理服务，大力拓展工程咨询新业态

要不断加强为政府和企业提供咨询服务，发挥工程咨询产业优势，继续加强项目前期策划及其咨询评估，做好国家规划重大项目的研究论证和咨询评估，为投资决策部门提供经得起历史检验的咨询意见和建议；加强工程管理，服务国家重要建设项目，拓展设计优化、造价咨询、工程代建、招标代理、工程监理等传统咨询业务，围绕去产能、去库存、去杠杆、降成本、补短板，为供给侧结构性改革提供全方位咨询服务。

1.3.4.3 强化投资项目事中事后监管咨询服务，为政府和企业提供可靠技术支持

工程咨询机构要审时度势，按照当前深化投融资体制改革要求，努力提高投资项目事中事后监管咨询服务能力，为政府和企业投资主体提供可靠技术支撑；要积极参与各级政府投资管理部门深化投资监管方式创新研究，加快监管清单和监管标准制定，推进监管信息系统建设和互联互通；按照严格实施监管行为，健全投资事中事后监管机制，完善投资监管体系，有效提升投资管理能力，强化中期评价和后评价咨询服务。

1.3.4.4 加大工程咨询国际化步伐，不断拓展国际工程咨询市场

充分利用国内外两个市场、两种资源，坚持与世界融合和保持中国特色相统一，积极地与国家对外开放战略衔接，进一步加大国际化步伐，在更大范围、更广领域、更高层次上参与国际合作与竞争。

（1）要加快国际化高端人才的培养。要建立完善国际化高端人才培养机制，加快培养一批具有国际视野、熟悉国际规则和国际业务的开放型工程咨询人才和领军人物。利用菲迪克认证工程师培训和认证试点、菲迪克青年咨询工程师培训项目及各类国际交流合作平台，推动我国工程咨询人才加快熟悉国际工程咨询规则、方法和惯例，更加广泛、深入地参与国际工程咨询项目实践。加大与国际相关组织和业界同行的人才交流，着力加强国际业务实践锻炼，不断壮大国际化高端人才队伍。

（2）参与、引导国际规则制定。运用菲迪克现代咨询服务理念、合同条款以及关于质量、廉洁、可持续管理的标准、指南和规范，促进菲迪克咨询理念、理论方法在我国工程咨询实践中更好地发挥作用；积极参与菲迪克认证工程师培训和认证体系等标准的制定和推广；加大国际工程咨询标准跟踪、评估和转化力度，结合境外工程承包、重大装备设备出口和对外援建与投资项目，探索推动我国工程咨询标准国际化。

（3）全过程工程咨询。2017年，《国务院办公厅关于促进建筑业持续健康发展的意见》（国办发〔2017〕19号）明确提出发展全过程工程咨询。

同年，住房和城乡建设部颁发《关于开展全过程工程咨询试点工作的通知》（建市〔2017〕101号），决定选择部分地区和企业开展全过程工程咨询试点，健全全过程工程咨询管理制度，完善工程建设组织模式，培养有国际竞争力的企业，提高全过程工程咨询服务能

力和水平，为全面开展全过程工程咨询积累经验。

2019年3月15日，国家发展改革委、住房城乡建设部发布《关于推进全过程工程咨询服务发展的指导意见》（发改投资规〔2019〕515号），就在房屋建筑和市政基础设施领域推进全过程工程咨询服务发展提出具体意见。鼓励投资者在投资决策环节委托工程咨询单位提供综合性咨询服务，统筹考虑影响项目可行性的各种因素，增强决策论证的协调性。综合性工程咨询单位接受投资者委托，就投资项目的市场、技术、经济、生态环境、能源、资源、安全等影响可行性的要素，结合国家、地区、行业发展规划及相关重大专项建设规划、产业政策、技术标准及相关审批要求进行分析研究和论证，为投资者提供决策依据和建议。投资决策综合性咨询服务可由工程咨询单位采取市场合作、委托专业服务等方式牵头提供，或由其会同具备相应资格的服务机构联合提供。鼓励建设单位委托咨询单位提供招标代理、勘察、设计、监理、造价、项目管理等全过程咨询服务，满足建设单位一体化服务需求，增强工程建设过程的协同性。

1.3.5 现代信息技术在工程咨询的运用

BIM（Building Information Modeling）是建筑信息模型的缩写，以信息数据为模型基础，具有可视化、协调性、模拟（虚拟）性、优化性和可出图性，以及数据结构可共享（Shared）和可管理性等众多优势，尤其是对于造型奇特的异形建筑以及结构和装配工艺复杂的建筑，将极大提升工程决策、规划、设计、施工和运营的管理水平，减少返工，有效缩短工期，提高工程质量和投资效益。

BIM技术不仅能够用于工程的设计阶段和施工阶段，还能够进行建设项目全生命周期的信息管理，有效地组织和追踪项目全生命周期的各类信息，减少信息不对称的发生和信息在传递过程中的流失，进而实现信息共享。尤其在投资咨询、勘察、设计、监理、招标代理、造价等各工程咨询领域要达成实时信息共享这一目标，全过程工程咨询往往需要从建设项目全生命周期的角度出发，建立一个基于BIM技术的工程信息交互平台，项目各参建单位可定义工作流程，有机地集成、管理和共享项目各个阶段的工程信息，从而实现项目全生命周期的工程信息集成管理。BIM技术的应用解决了建设项目行业规划、设计阶段、招投标阶段、施工阶段、运营阶段的信息断层问题，实现参建项目的全数据整合，形成数据建筑，从而实现智慧建筑，乃至发展为智慧城市。

利用建筑信息模型（BIM）、大数据、物联网等现代信息技术作为全过程工程咨询依托的技术手段，要求全过程工程咨询决策中的每个参与方均在基于同一个建设项目数据模型的平台上进行决策分析，所有工作内容的相互转换衔接均实时协同，保证各项工作内容并联评价审批、联合评价审批；不同的决策咨询阶段使用同一个数据模型，各参与方在同一个协同平台上对综合性咨询成果并联审批、联合评价审批并形成一套材料，最终审批机构审查一套综合性申报材料，提高审批效率。BIM在全过程工程咨询中的运用如图1-5所示。

具体来说，BIM等技术在全过程工程项目管理中的作用体现在四个方面。

① 监审：BIM应用管理能力，运用BIM审核技术监审各参建方的工作。

② 控制：BIM模型管理能力，运用BIM信息模型控制各参建方的工作。

③ 协调：项目沟通管理能力，运用BIM集成技术协调各参建方的工作。

④ 服务：运用物联网、大数据等技术，实现数字建筑、使用及运营维护的智能化，为智

慧城市提供基础数据，更好地服务社会。

全过程工程咨询运用BIM技术的优势

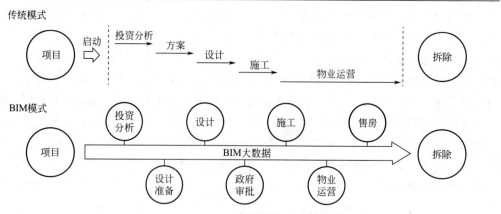

图 1-5　全过程工程咨询 BIM 运用示意图

现阶段建设工程具有规模化、群体化、关联化和复杂化的特征。建筑市场在这些年的逐步发展过程中，发展出类似"代建整合 + 专业服务"的管理模式。单项咨询自身具有的条块性、割裂性、非系统性、各管一段等局限，制约了为项目整体效益的最大化通盘考虑而提供的系统性服务。全过程工程咨询服务的开展，涉及建设工程全生命周期内的决策咨询、前期可研、采购管理、施工管理、竣工验收、运营维护等各个阶段的管理服务。推行全过程工程咨询服务，可有效节省投资、加快工期、提高品质、减小风险，是提高工程建设管理水平，提升工程咨询行业集约化、规范化，加快与国际建设管理服务方式接轨的有效方式。

全过程工程咨询是从全方位考虑，从技术、经济、管理等方面综合的考虑问题，传统的咨询服务只考虑涉及范围内的专业领域。相对而言，全过程工程咨询更有优势，而 BIM 等技术作为新的建筑领域技术平台，就其先进的技术优势，给全过程工程咨询的实施带来了全方位的效力，为工程咨询行业的升级带来了创新。

第 2 章

市场分析与市场战略

科学的投资决策必须建立在可靠的市场分析基础上,通过市场分析,把握市场需求发展趋势,确定投资建设项目的目标市场,并制定市场营销策略,为项目的建设和未来运营提供可靠的基础。不同类型的投资建设项目,尽管其市场分析的内容和方法不尽相同,但是基本原理是相同的,基本方法是一致的。

2.1 市场分析的目的与方式

2.1.1 市场分析的目的

市场分析的主要目的是研究拟生产产品的潜在销售量,产品的市场占有率,为投资建设项目决策提供基础依据。

企业投资建设项目的最终目的是为了追求财务效益、经济效益的最大化,而社会公共项目追求经济效益和社会效益的平衡。在市场经济条件下,任何经济活动都是围绕市场展开的。因此,市场供需状况、竞争状况及需求结构分析是建设项目可行性研究的基础工作。

项目市场分析要解决的基本问题为以下内容。

① 建设项目的必要性。投资决策必须从市场出发,分析投资项目是否符合社会需求,是否符合市场发展趋势,是否有足够的市场空间,是否能获得效益。

② 建设项目的建设内容。通过市场分析确定产品方案及其目标市场,进而确定项目的建设内容;了解竞争对手的情况,最终确定项目建成时的合理生产规模,使得企业在未来能够保持合理的盈利水平和持续发展能力。

2.1.2 市场分析的主要内容

市场分析的主要内容包括市场调查、市场预测和营销战略研究。

（1）市场调查。市场调查是对现存市场和潜在市场各个方面情况的研究和评价，其目的在于收集市场信息，了解市场动态，掌握市场现状，跟踪市场趋势，发现市场机会。为企业投资决策提供科学依据。市场调查是科学地进行市场预测的前提和基础。

（2）市场预测。市场预测是在市场调查取得一定资料的基础上，运用已有的知识、经验和科学方法，对市场未来的发展状态、价格、趋势进行分析并做出判断与推测，其中最为关键的是产品需求预测。市场预测是项目投资决策的基础。

（3）营销战略研究。营销战略研究是在深入分析市场竞争情况，充分了解市场竞争对手的基础上，确定项目目标市场、销售渠道、销售价格等策略，以便在市场竞争中争取主动地位，从而提高项目的成功率。营销战略研究也是项目前期工作的重要内容。

2.1.3 市场分析的基本方式

（1）企业自主分析。根据企业收集到的大量市场信息能够对短期的市场走向进行分析，但对于复杂的、长期的市场趋势无法进行分析。一般企业自身研究力量有限，较难进行市场分析工作。

（2）委托专业市场分析机构分析。他们拥有高水平的市场分析人员，构建了科学的市场分析体系、发达的市场调查网络，并掌握成熟的方法和充分的市场数据库资源，分析结果较为可靠。

2.2 市场调查

2.2.1 市场调查的内容

（1）市场环境的调查。市场环境调查主要包括经济环境、政治环境、社会文化环境、科学环境和自然地理环境等。具体的调查内容可以是市场的购买力水平，经济结构，国家的方针、政策和法律法规，风俗习惯，科学发展动态，气候等各种影响市场营销的因素。

（2）市场需求调查。市场需求调查主要包括消费者需求量调查，消费者收入调查，消费结构调查，消费者行为调查，包括消费者购买原因、购买种类、购买数量、购买频率、购买时间、购买方式、购买习惯、购买偏好和购买后的评价等。

（3）市场供给调查。市场供给调查主要包括产品生产能力调查、产品实体调查等。具体为某一产品市场可以提供的产品数量、质量、功能、型号、品牌以及生产供应企业的情况等。

（4）市场营销因素调查。市场营销因素调查主要包括产品、价格、渠道和促销的调查。产品的调查主要有了解市场上新产品开发的情况、设计的情况、消费者使用的情况、消费者的评价、产品生命周期阶段、产品的组合情况等。产品的价格调查主要有了解消费者对价格的接受情况，对价格策略的反应等。

（5）市场竞争情况调查。市场竞争情况调查主要包括对竞争企业的调查和分析，了解同类企业的产品、价格等方面的情况,他们采取了什么竞争手段和策略,做到知己知彼,通过调查帮助企业确定企业的竞争策略。

2.2.2 市场调查的程序

市场调查流程(Marketing Research Process),包括方案设计、信息和数据收集、分析全过程。尽管市场研究有多种不同的研究方法,但总的流程是一致的,基本可分为四个阶段:

(1)界定阶段。包括了解研究需求、明确需要解决的问题、确定调查目标三个主要步骤。

(2)设计阶段。包括设计调查方案,辨别信息类型及可能来源,确定信息收集方法,设计信息及数据获得工具,设计抽样方案,确定样本量、调查进度及费用等主要步骤。

(3)实施阶段。包括挑选访问员、培训访问员、运作实施、复核验收等步骤。

(4)结果形成阶段。数据处理、分析包括数据编码、数据录入、数据查错、数据分析等步骤。报告及结果展示包括撰写报告的摘要、目录、正文及附录等工作。

2.2.3 市场调查的方法

市场调查的方法主要有文案调查法、实地调查法、问卷调查法、实验调查法等传统方法。随着计算机技术的发展,利用了Internet的开发性、自由性、平等性、广泛性和直接性等特点的网络市场调查方法在市场调查中被逐渐应用。企业要根据收集信息的能力、调查成本、时间要求、样本控制和人员效应的控制程度选择合适的调查方法。

2.3 市场预测

2.3.1 市场预测的内容

(1)市场需求预测。市场需求预测主要是预测需求量。需求量是指未来市场上有支付能力的需求总量,包括产品国内需求和出口需求。产品出口需求分析,应当掌握国外同类产品的销量和需求变化,对比分析出口产品的优势和劣势,并估计产品出口量。

(2)市场供应预测。对市场的供应能力进行预测,包括现有的市场能力、在建的市场能力、准备建设的生产能力和进口替代分析。

(3)价格预测。在商品价格的预测中,要充分研究劳动生产率、生产成本、利润的变化,市场供求关系的发展趋势,货币价值和货币流通量变化以及国家经济政策对商品价格的影响。

2.3.2 市场预测的基本方法

市场预测的一般方法有定性预测法和定量预测法。定性预测法包含头脑风暴法、德尔菲法、类推预测法。定量预测法一般有观察法、实验法、询问法、情况推测法、问卷法、一元线性法、弹性系数法、消费系数法、简单移动平均法、指数平滑法等。在进行预测时,不同的市场预测方法具有不同的条件、应用范围和预测精度。可以根据预测周期、产品生命周期、预测对象、数据资料、精度要求、时间与费用限制等因素,选择适当的方法,也可以采用几种方法,进行组合预测,相互验证和修正。

2.3.3 市场预测的程序

（1）确定目标。预测应根据决策的要求确立预测的目标，具体内容包括预测的内容、范围、精确程度、预测的期限等。

（2）搜集资料。进行市场预测必须占有充分的资料。要根据预测目标系统收集各种有关资料，既要收集现时的资料，也要收集历史资料。

（3）选择预测方法并建立预测模型。

（4）分析评价预测结果。通过数学模型计算出预测值进一步分析评估，预计误差。要根据市场因素的变化，在计算预测值的基础上，分析时间和空间各种因素变化的实际情况及其影响程度，进行模型参数调整、检验。

2.4 市场竞争策略

2.4.1 竞争战略类型

（1）成本领先战略。成本领先战略是指企业通过扩大规模，加强成本控制，在研究开发、生产、销售、服务和广告等环节把成本降低到最低限度，成为行业中成本领先者的战略。其核心就是在追求产量规模经济效益的基础上，降低产品的生产成本，用低于竞争对手的成本优势，赢得竞争的胜利。

（2）差别化战略。差别化战略是指企业向市场提供与众不同的产品或服务，用以满足客户的不同需求，从而形成竞争优势的一种战略。差别化可以表现在产品设计、生产技术、产品性能、产品品牌、产品销售等方面，实行产品差别化可以培养客户的品牌忠诚度，使企业获得高于同行业的平均利润水平。

（3）集中化战略。集中化战略是指企业把经营战略的重点放在一个特定的目标市场上，为特定的地区或特定的消费群体提供特殊的产品服务。集中化战略与其他两个基本的竞争战略不同。成本领先战略与差别化战略面向全行业。而集中化战略是围绕一个特定的目标进行密集型的生产经营活动，要求能够比竞争对手提供更为有效的服务。

2.4.2 行业竞争结构

（1）行业竞争结构类型。行业的竞争结构是指行业内企业的数量、规模和市场份额的分布。基于对现实的观察，提出了完全垄断、绝对垄断、两大垄断、相对垄断和分散竞争五种状态，主要根据目标市场内市场份额占有状态进行划分。

（2）行业竞争结构分析模型。哈佛大学教授迈克尔提出了一种结构化的环境分析方法，它是最主要的行业竞争能力分析方法，也称"五因素模型"。其分别为新进入者的威胁、替代品的威胁、购买者讨价还价的能力、供应商讨价还价的能力、现有竞争对手之间的抗衡。

（3）行业吸引力。行业吸引力是企业进行行业比较、选择的价值标准，所以也称为行业价值。行业吸引力取决于行业的发展潜力等因素，也取决于行业的平均盈利水平，同时也取决于行业的竞争结构。

2.4.3 竞争能力分析

竞争能力是企业拥有超越竞争对手的关键资源、技术和知识，使企业在生产经营中能够优化内外资源配置，以实现可持续发展的能力。竞争能力分析，既要研究项目自身竞争能力，也要研究竞争对手的竞争力，并进行对比，以利于进一步优化项目的技术经济方案，扬长避短，发挥竞争优势。

（1）竞争态势矩阵。竞争态势分析常用态势矩阵的评价方法，步骤如下。

a. 确定行业中竞争的关键因素。

b. 根据每个因素对在该行业中成功经营的相对重要程度，确定每个因素的权重，权重和为1。

c. 筛选出关键竞争对手，按每个因素对企业进行评分，分析各自的优势所在和优势大小。

d. 将各评价值与相应的权重相乘，得出各竞争者各因素的加权评分值。

e. 加总得到企业的总加权分，在总体上判断企业的竞争力。

（2）核心竞争力。核心竞争力是企业在竞争中比其他企业拥有更具优势的关键资源或活动，它具有竞争对手难以模仿，不可移植，也不会随员工的变更而流失的特点。它对公司的竞争力、市场地位和盈利能力起着至关重要的作用。

（3）价值链分析法。价值链分析法是企业基本战略分析方法中最著名有效的方法。将企业创造价值的过程分解为一系列互不相同但又相互关联的活动，这些活动构成了企业价值创造的动态过程，即企业的"价值链"。

2.4.4 SWOT 分析法

SWOT 分析法，是企业战略分析方法，它的意思是基于内外部竞争环境和竞争条件下的态势分析。

SWOT 字母分别是代表的意思是：S（strengths）是优势、W（weaknesses）是劣势、O（opportunities）是机会、T（threats）是威胁。SWOT 分析是通过调查列举出跟研究对象密切相关的各种主要内部优势、劣势和外部的机会与威胁等，排列成矩阵形式，然后用系统分析的思想，把各种因素相互匹配，并且加以分析，从中得出一系列相应的决策性结论。

第3章 可行性研究报告

可行性研究（Feasibility Study，FS）是指通过对拟建项目的市场需求状况、建设规模、产品方案、生产工艺、设备选型、工程方案、建设条件、投资估算、融资方案、财务和经济效益、资源的有效利用、环境和社会影响以及可能产生的风险等方面进行全面深入的调查、研究和充分的分析、比较、论证，从而得出该项目是否值得投资、建设方案是否合理的研究结论，为项目的决策提供科学、可靠的依据。可行性研究的成果是可行性研究报告。对于需要政府核准的企业投资的重大项目和限制类项目，还应在可行性研究报告的基础上编制项目申请报告。本章主要介绍可行性研究报告的概述、编制内容、评审及不同行业、类别项目可行性研究报告的侧重点。

3.1 可行性研究报告概述

本节分别介绍了可行性研究报告的特点、依据和要求、内容、作用、分类、编制准备、研究方法、要点。

3.1.1 可行性研究介绍

3.1.1.1 可行性研究的概念

可行性研究是一种运用多种学科（包括工程技术学、社会学、经济学及系统工程学等）知识，对拟建项目的必要性、可能性以及经济、社会有利性进行全面、系统、综合的分析和论证，以便进行正确决策的研究活动，是一种综合的经济分析技术。可行性研究的任务是以市场为前提，以技术为手段，以经济效果为最终目标，对拟建的投资项目，在投资前期全面、系统地论证该项目的有效性和合理性，对项目作出可行或不可行的评价，在投资项目管理中，投资之前事先进行可行性研究已经成为必不可少的过程。

可行性研究不仅可以为投资者的科学决策提供依据，同时还为银行贷款、合作者签约、工程设计等提供依据和基础资料，它是决策科学化的必要步骤和手段。

3.1.1.2 可行性研究的阶段划分

联合国工业发展组织出版的《工业可行性研究编制手册》将可行性研究工作分为3个阶段，即机会研究、初步可行性研究和详细可行性研究。

（1）机会研究。机会研究的一般方法是从经济、技术、社会及自然情况等大的方面发生的变化中发掘潜在的发展机会，通过创造性的思维提出项目设想。机会研究阶段相当于我国的项目建议书阶段，其主要任务是提供可能进行建设的投资项目。如果证明项目投资的设想是可行的，再进行更深入的调查研究。

对于工业项目来说，机会研究主要通过以下几个方面的研究来寻找投资机会：

① 在加工或制造方面有潜力的自然资源新发现。
② 作为工业原材料的农产品生产格局的状况与趋向。
③ 由于人口或购买力增长而具有需求增长潜力的产品以及类似新产品的情况。
④ 有应用前景的新技术发展情况。
⑤ 现有经济系统潜在的不平衡，如原材料工业与加工制造业的不平衡。
⑥ 现有各工业行业前向或后向扩展与完善的可能性。
⑦ 现有工业生产能力扩大的可能性、多种经营的可能性和生产技术改造的可能性。
⑧ 进口情况以及替代进口的可能性。
⑨ 投资环境，包括宏观经济政策、产业政策等。
⑩ 生产要素的成本和可得性。
⑪ 出口的可能性等。

总而言之，机会研究围绕着是否具有良好发展前景的潜在需求开展工作。这种研究是大范围的、粗略的，要求时间短、花费少。

（2）初步可行性研究。初步可行性研究又称预可行性研究。机会研究所提出的项目设想是否真正可行，这需要对项目设想作进一步的分析和细化。从产品的市场需求、经济政策、法律、资源、能源、交通运输、技术、工艺及设备等方面对项目的可存性进行系统的分析。然而，一个完善的可行性研究的工作量是十分巨大的，需要消耗大量的人力、物力、财力，而且时间较长。因此，在投入必要的资金前，先进行初步可行性研究。初步可行性研究主要对项目在市场、技术、环境、选点、资金等方面的可行性进行初步分析，基本上是粗线条的。

① 初步可行性研究的主要任务。

a. 分析机会研究的结论，并在详尽资料的基础上做出投资决定。
b. 根据项目设想产生的依据，确定是否进行下一步的详细可行性研究。
c. 确定哪些关键性问题需要进行辅助性专题研究，如市场需求预测、试验室试验、试验工厂试验等。

d. 判断项目设想是否有生命力，能否获得较大的利润。

② 初步可行性研究主要解决的问题。

a. 产品市场需求量的估计，预测产品进入市场的竞争能力。

b. 机器设备、建筑材料和生产所需原材料、燃料动力的供应情况及其价格变动的趋势。

c. 工艺技术在试验室或试验工厂试验情况的分析。

d. 厂址方案的选择，重点是估算并比较交通运输费用和重大工厂设施的费用。

e. 合理经济规模的研究，对几种不同生产规模的建厂方案，估算其投资支出、生产成本、产品售价和可获得的利润，从而选择合理的经济规模。

f. 生产设备的选型，着重研究决定项目生产能力的主要设备和一些投资费用较大设备。

在提出初步可行性研究报告时，还要提出项目总投资。初步可行性研究是机会研究与详细可行性研究之间的一个中间阶段，它与机会研究区别主要在于所获资料的详细程度不同。如果项目机会研究有足够的资料，也可以越过初步可行性研究阶段，直接进行详细可行性研究。如果项目机会研究阶段项目的有关资料不足，获利情况不明显，则要通过初步可行性研究来判断项目是否值得投资建设。

（3）详细可行性研究。详细可行性研究又称最终可行性研究。

通过初步可行性研究的项目一般都不会再被淘汰，但具体实施方案和计划还需要详细可行性研究来确定。项目采用哪种方案来实现以及实现后的实际效果，主要取决于详细可行性研究的结果。详细可行性研究的主要任务是对项目的产品纲要、技术工艺及设备、厂址与厂区规划、投资需求、融资、建设计划以及项目的经济效果等进行全面、深入、系统的分析和论证，通过多方案比较选择最佳方案。虽然详细可行性研究的研究范围没有超出初步可行性研究的范围，但研究深度却远大于初步可行性研究。

在实际工作中，可行性研究的3个阶段未必十分清晰。有些小型和简单项目，常将机会研究与初步可行性研究合二为一。在我国，许多项目的前两个阶段与详细可行性研究常常也是交织在一起进行的。下面介绍的可行性研究主要是指详细可行性研究。

3.1.1.3 可行性研究的内容

建设项目的可行性研究通常包括项目建设理由与目标、市场预测、资源条件评价、建设规模与产品方案、场址选择、技术设备方案和工程方案、原材料燃料供应、总图运输与公用辅助工程、环境影响评价、劳动安全卫生与消防、组织机构与人力资源配置、项目实施进度、投资估算、融资方案、财务评价、国民经济评价、社会评价、风险分析等内容。

3.1.2 可行性研究的目标

3.1.2.1 技术上的先进性和适用性

任何一个项目从最根本上来说都是为了获得最大的收益，这样将项目实施时，也就不可避免地会遇到技术上的问题。可行性研究一定要保持技术上的先进性，是因为项目从机会研究到初步可行性研究再到详细可行性研究需要经过相当长的时间，并且投入大量的人力、财力和物力，成本非常大。如果技术上不能保持相对的先进性，很可能造成项目在建成之后的很短时间内，由于被更为先进的技术取代而使项目遭到淘汰，造成重大的损失。同样，项目一定也要保持技术上的适用性，技术过低可能会在实施后的很短时间内被取代；而技术过高很可能在实际操作中由于和其他各方面协调不当而不被运用。需要注意的是，技术上的先进性和适用性要同时兼顾，不能为了单纯追求先进性而忽略适用性，也不能为了单纯追求适用性而忽略了先进性。

3.1.2.2 经济上的盈利性和合理性

经济的合理性是指一定的投入在正常的情况下会得到一定的产出，项目所实现的盈利水平是合理的，与所估计的值是比较接近的。在正常情况下，是不会与估计值相差很远的。

3.1.2.3 建设上的可能性和可行性

建设上的可能性是指从理论上说建设可以实现，而建设上的可行性是指实际建设中可能完成。可能性是可行性的前提，可行性是可能性的发展。只有在理论上建设可能完成，在实际工作中才有可能完成；如果建设在理论上就被淘汰，那就不必再讨论可行性问题了。

3.1.3 可行性研究的作用

可行性研究是提供科学决策的依据。进行可行性研究，是投资者在投资前期的重要工作。可行性研究对项目产品的市场需求、市场竞争力、建设方案、项目需要投入的资金、可能获得的效益及项目可能面临的风险等都要做出结论。

可行性研究是编制初步设计文件的依据。按照项目建设程序，只有在可行性研究报告完成后，才能进行初步设计。在可行性研究报告中，对项目的产品方案、建设规模、场地选择、生产工艺、设备选型等都进行了方案比较论证，确定了最优方案。在可行性研究报告获批准之后，可根据可行性研究报告进行工程设计。

建设项目可行性研究报告是项目审批立项、领导决策的重要依据，其质量关系到整个工程的质量和建成投产后的经济、社会效益。

可行性研究报告是筹措资金和申请贷款的依据。国内外银行及金融机构受理项目贷款时，首先要求提供可行性研究报告，然后对其进行全面审查、分析、论证。在此基础上，编制项目评估报告，根据项目评估报告的结论，决定是否予以贷款。世界银行等国际金融机构，也都将提交可行性研究报告作为申请贷款的先决条件。

可行性研究报告是与建设项目承包商、供应商签订合同、协议的依据。可行性研究报告的结论是项目业主就项目有关的设计、工程承包、设备供应、原材料供应、产品销售和运输等问题与有关单位签订合同、协议的依据。

3.1.4 可行性研究的内容

从总体看，可行性研究的内容与初步可行性研究的内容基本相同，但重点有所不同，深度有所提高，研究的范围有所扩大，包括如下内容：

（1）建设的必要性。包括项目提出的背景（改扩建项目说明企业目前的情况）、投资的必要性和经济意义、研究工作的依据和范围。

（2）市场分析。包括如下内容：

① 国内外需求情况预测。

② 国内外现有生产能力估计。

③ 销售预测、价格分析、产品竞争力、进入国际市场的前景。

④ 拟建项目规模、产品方案、发展方向的技术经济比较和分析。

（3）建设方案。主要包括产品方案与建设规模，工艺技术方案和建设标准，主要工艺设备选择，厂址选择，原材料、燃料供应及辅助生产条件，总平面布置和建筑、公用工程，环境保护、节能、节水措施等。

（4）投资估算。在确定项目建设方案工程量的基础上估算项目所需的投资，分别估算建筑工程费、设备购置费、安装工程费、工程建设其他费用、基本预备费、涨价预备费、建设期利息和流动资金。

（5）融资方案。在投资估算确定融资需要量的基础上，选择确定项目的融资主体，分析资金来源的渠道和方式，分析资金结构、融资成本、融资风险，结合融资方案的财务分析，比较、选择和确定融资方案。

（6）财务分析。按规定科目详细估算营业收入和成本费用，预测现金流量；编制现金流量表，计算相关指标；主要从项目及投资者角度研究合理的财务方案；从分析项目全部投资盈利能力入手，逐步深入到项目资本金盈利能力分析、融资主体偿债能力分析以及财务生存能力分析，据以判断项目的财务可行性。

（7）经济分析。对于财务现金流量不能全面、真实地反映其经济价值的项目，如交通运输、水利等项目，需要进行国民经济评价。从社会经济资源有效配置的角度，对项目产生的直接和间接的经济费用与效益进行全面识别，编制经济费用效益流量表，进行经济费用效益分析或费用效果分析，分析项目建设对经济发展所作出的贡献，评价项目所耗费的社会资源的经济合理性。

（8）资源利用效率分析。对于需要占用重要资源的项目，应从发展循环经济、建设资源集约型社会等角度，对主要占用资源的品种、数量、来源、综合利用方案的合理性等方面进行分析评价；对于高耗能、耗水这些大量消耗自然资源的项目，如石油天然气开采、石油加工、发电等项目，分析其资源利用效率，提出降低资源消耗的措施。

（9）土地利用及移民搬迁安置方案分析。分析项目用地情况，节约用地措施；分析城市居民搬迁方案或农村移民安置方案的合理性及存在的风险，提出防止或降低风险的对策。该内容还涉及社会稳定风险与评估。

（10）环境影响评价。要分析项目区内对重要环境保护目标可能造成的影响，分析预测项目建设期、运营期间产生的污染源、污染物、污染量对区域环境质量的影响，是否符合环保政策法规和标准的要求；提出减少污染排放，强化污染治理，促进清洁生产，提供环境质量的对策建议。

（11）社会评价。要在社会调查的基础上，分析拟建项目的社会影响范围；分析主要利益相关者的需求，对项目的支持和接受程度；分析项目的社会风险，提出需要解决的社会问题及解决方案。

（12）风险分析与不确定性分析。对项目主要风险因素进行识别，采用专家调查法、风险因素取值评定法、概率分析等风险分析方法，分析项目的抗风险能力，评估风险的程度，研究提出防范和降低风险的对策措施。通过盈亏平衡分析和敏感性分析等不确定性分析方法，研究不确定因素的变化对项目效益的影响。

（13）提出研究结论与建议。在以上各项目分析研究之后，应做出归纳总结，说明所推荐方案的优点，指出可能存在的主要问题和可能遇到的主要风险，做出项目是否可行的明确结论,并对项目下一步工作和项目实施中需要解决的问题提出建议。

3.2 可行性研究报告的编制内容

本节从可行性研究报告的编制内容出发,分别介绍了可行性研究报告的建设方案、投资估算与资金筹措、财务分析、经济分析、风险分析,最后得出了相应的研究结论。

3.2.1 建设方案

3.2.1.1 建设方案研究

(1)建设方案研究的目的。建设方案研究的目的是项目决策分析与评价的核心内容,是在市场分析的基础上,通过多方案比选,构造和优化项目建设方案;是估算项目投资,选择融资方案,进行项目经济、环境、安全和社会评价,进而判别项目的可行性和合理性的基础。

(2)建设方案研究的任务。建设方案研究的任务就是要对两种以上可能的建设方案进行优化选择。选择合理的建设规模和产品方案,选择先进适用的工艺技术,选择性能可靠的生产设备,制订明确的资源供应、运输方案,选择适宜的场址,选择合理的总图布置以及相应的配套设施方案,满足节能、节水、环境、安全职业卫生、消防等要求,对参与比选的方案进行综合效益对比。

(3)建设方案研究的内容及要求。项目建设方案研究的内容可随行业和项目复杂程度而异。项目决策分析不同阶段的建设方案研究工作深度不同。初步可行性研究阶段的建设方案研究比较粗略,可行性研究阶段的建设方案研究要求深入而全面。

3.2.1.2 建设规模与产品方案

(1)产品方案与产品组合。产品方案(也称产品大纲)即拟建项目的主导产品、辅助产品或副产品及其生产能力的组合方案,包括产品品种、产量、规格、质量标准、工艺技术、材质、性能、用途、价格、内外销比例等。产品方案需要在产品组合研究的基础上形成,确定项目的主要产品、辅助产品、副产品的种类及其生产能力的合理组合,使其与技术、设备、原材料及燃料供应等方案协调一致。

产品方案研究应考虑以下主要因素:国家产业政策和企业发展战略;市场需求和专业化协作;资源综合利用和环境制约条件;原材料、原料供应;生产技术条件和运输装备存储条件;产品定位和竞争力。

(2)建设规模。建设规模也称生产规模,是指在所设定的正常运营年份项目可能达到的生产或者服务能力。根据市场调查和预测、营销策略以及产品方案的初步研究成果,结合技术、原材料和能源供应,协作配套和项目投融资条件,以及规模经济性等因素而确定的。

(3)建设规模和产品方案编制内容。

① 多方案比选。根据市场预测与产品竞争力、资源配置与保证程度、建设条件与运输条件、技术设备满足程度与水平、筹资能力、环境保护以及产业政策等确定生产规模和产品方案,列出多方案建设规模和产品方案并进行比选。

② 技术改造项目特点。改、扩建和技术改造项目要描述企业目前规模和各装置生产能

力以及配套条件，结合企业现状确定合理改造规模并对产品方案和生产规模作说明和方案比较，进行优选。对改造前后的生产规模和产品方案列表对比。

3.2.1.3 生产工艺技术与设备方案研究

生产工艺技术方案和设备方案的选择是工程和配套方案确定的基础，与项目的建设规模和产品方案选择形成互为条件，也是投资估算和经济分析的重要基础，是影响项目环境、安全以及经济合理性的重要因素。

（1）技术方案研究的内容。技术方案研究就是通过调查研究、专家论证、方案比较、初步技术交流和询价，确定拟建项目的生产技术、工艺流程、生产配方及生产方法、生产过程控制、操作规程及程序数据等，以确保生产过程安全、环保、节能、合理、流畅、有序。

（2）技术设备来源方案研究。技术设备来源方案包括技术来源方案和设备来源方案。

（3）生产工艺技术与装备方案编写内容与要求。对于由多套工艺装置组成的大型联合装置，需要按照要求另编工艺装置分册，对工艺技术进行详细叙述。对改、扩建和技术改造项目，要叙述原有工艺技术状况，说明项目建设与原有装置的关系，结合改造具体情况编制相关内容。

① 工艺技术方案的选择。简述国内外不同工艺的原料路线，包括现状、发展变化趋势及前景等。经综合比选，提出推荐的原料路线。

介绍国外技术现状、特点和主要技术经济指标、商业化业绩或所建装置数量、技术覆盖率、发展变化趋势及前景等。国际先进技术特点介绍，技术引进的可能性和条件介绍。

介绍国内技术现状、特点和主要技术经济指标、商业化业绩或所建装置数量、技术覆盖率、发展变化趋势及前景等。

对国内外不同工艺技术从来源、产品质量、主要技术参数、原料路线合理性、消耗、投资及成本等方面进行对比，评价其技术的先进性、可靠性、适用性、安全性、商业化程度及经济合理性并列表。

简述推荐技术的工艺流程及特点，分析存在的问题，提出解决问题的建议。若引进国外技术和进口设备，则需要在分析国内技术的前提下，进行技术经济分析比较，提出引进方式、引进和进口的范围、内容及理由，提出对可能引进技术的初步意见和建议。

② 工艺流程和消耗定额。确定装置规模和年操作时数（或日操作时数），当生产不同规格产品对装置生产规模有影响时，应按产品规格分别列出并给出最可能的产品方案下的装置规模和对应的年操作时数（或日操作时数），或者按照行业习惯，给出代表性的产品或折算成某一产品的规模。提出装置的组成及名称，装置组成包括生产单元（或工序）和为生产装置直接服务的辅助生产单元、生活设施等。大型联合装置产品列出生产装置，根据工艺特点，按照工序列出每套装置组成。独立单装置，根据工艺特点，按照工序列出装置组成。

列出项目所需的主要原料、辅助材料、燃料和动力的数量以及规格（性质）。说明产品、副产品及主要的中间产品执行的质量标准。列出项目产品、副产品的数量和规格。对重要的中间产品，列出其数量和规格。

简述主要工艺过程、操作参数和关键的控制方案，分装置画出工艺流程图。详细计算全厂各装置主要物料平衡、燃料平衡和必要的热平衡，尤其对大型联合装置要说明各装置间的物料互供关系，要以总工艺物料平衡表或方块物料平衡图表示。物料平衡图要显示出原料进量、装置组成和产品、副产品量。

改、扩建和技术改造项目,要分别列出改造前后物料平衡情况,并根据改造方案,叙述改造后有项目(无项目)和增量的物料情况。

简述各装置工艺消耗定额以及同类工艺国内外消耗定额水平,并与国内外先进水平比较,对主要产品列表表示其消耗定额。

③ 主要设备选择。简述设备概况,列出主要工艺设备,对主要设备分类汇总。

对于进口设备,应详细阐述引进的理由、方式和参考的价格。引进要符合国家有关规定。注意必须考虑适量的备品备件。研究提出本项目主要装备国内制造供货的原则和方案、范围和风险因素等。列出设备选择采用的标准、规范。

简述关键设备选择的依据,结合工艺技术方案进行关键设备方案比选,考察成熟可靠性、安全实用性、投资造价、运行周期和费用等因素,确定关键设备选型。

简述大型超限设备概况、超限内容、解决方法并列表,对改、扩建和技术改造项目,要简述原有设备状况,论述项目可依托的设备状况。

对主要的依托设备要进行方案比选。提出依托设备的资产原值和净值以及可以节约的投资数额。

对设备的自动控制,工艺装置"三废"排放与预处理进行详细说明。

④ 工艺技术及设备风险分析。工艺技术风险及设备风险是投资项目所存在的风险之一,应根据项目的具体情况从下面几个方面作尽可能的分析。

a. 风险因素识别及风险程度分析。产品及其规模受各类风险影响,如产业政策、技术路线、发展趋势的风险、资源依存度风险、装备技术发展风险、国家对安全环保节能等方面的法规进一步要求的风险等,必须对这些风险进行识别,同时要定性或定量预测各种风险因素的风险程度。

b. 风险防范与反馈。根据风险程度,预测其对项目的影响,确定是否进行风险对策研究。研究风险对策,提出针对性的风险规避对策,避免风险的发生或将风险损失降低到最低程度。研究风险对策,将信息反馈到有关专业人员或投资者,指导改进设计方案、落实有关对策,为投资者能够得到最大的经济利益提出建设性和可实施性的建议。

3.2.1.4 建设条件与场(厂)址选择

场(厂)址选择是一项政策性涉及面广的综合性的技术经济分析工作。场(厂)址选择应进行多方案比较,要依据地区规划与产业布局,结合建设项目近期目标和长远利益综合分析,从中选择符合国家政策,投资省、建设快、运营费低,经济效益和环境效益好的场(厂)址。

对于改、扩建和技术改造项目,说明企业所处的场(厂)址条件,对在原场(厂)址改、扩建进行论述,分析优缺点,根据方案比较结果确定改造方案。在开发区或工业园区建设,同样需要按照厂址选择的原则和内容要求进行方案比选,但根据开发区或工业园区具体的条件情况,部分内容可以适当简化。

① 建厂条件。

a. 建厂地点的自然条件。场(厂)址的地理条件,包括场(厂)址地理位置、区域位置、距城镇距离等。介绍区域道路交通情况,附场(厂)址地理位置图和场(厂)址方案区域位置图(包括原料进厂管线、水源地、进厂给水管线、热力管线、发电厂或变电所、电源进线、储灰渣场、废水接纳水体、铁路专用线、港口码头、生活区等规划位置），地形、地貌条件。

还包括工程地质、水文地质条件，地震烈度、抗震设防等级，区域地质构造情况等；自然、气象条件，包括气温、相对湿度、降雨量、雷电日、蒸发量、大气压力、风力与风向等；气象条件要给出历史极端值、月平均值、年平均值，分析极端值出现的概率，附风玫瑰图；洪涝水位，建厂地域的洪水位（50年一遇、100年一遇），防涝水位及泥石流情况。

b. 建厂地点的社会经济条件。调查建厂地区社会、人文、经济条件及发展规划，研究其对投资项目产生的影响，提出存在的问题和建议采取的办法。存在风险因素的，要进行风险分析。

结合项目的要求，调查地区或城市社会、经济等状况，说明建设地点是否符合当地规划部门的要求，建厂地区的协作配合条件及生活福利条件。区域设备制造能力与水平，机、电、仪等维修水平与能力情况。区域建筑施工队伍情况与水平，建筑、设备材料制造水平与能力，市场配套状况等。

在少数民族地区或具有特殊风俗文化的地区建厂，要说明当地的风土民情和文化，避免与其冲突。属于经济特区、经济技术开发区、工业园区等区域或属于三资企业、国际组织、政府贷款或投资的项目，应结合项目具体情况说明可享受的有关优惠政策。

c. 外部交通运输状况。调查建厂地区交通运输条件及发展规划，说明港口、码头、车站、管道等的能力和吞吐量，目前运量平衡现状，潜在的能力。研究其对投资项目的影响。

d. 公用工程条件。调查建厂地区公用工程动力供应和资源条件，说明各种资源的供需平衡现状和潜在能力以及发展规划，研究对投资项目的影响。说明本项目水源可选方案，对于重大水源方案应进行方案比选。本项目最大用水量，拟选水源的供水能力，可供本项目使用的水量，可否满足本项目需要，并说明水源的水质情况以及水源地距厂址距离等。说明本项目的最大排水量，接纳水体的情况，包括水体的流量、接收标准、距厂址的距离等。

电源与供电情况，说明地区电网、发电厂、区域变电所等区域位置、实际容量、规划容量、可为本项目提供容量、距本项目的距离。

电信情况，市话网现状，地区电话局、长途局至本项目的距离，采用交换机程式及对用户线路电阻限制值等系统通信对本工程的要求，无线通信信号情况、网络建设情况等现代通信设施基础情况。

供热工程情况，供热现状及发展规划，现有管网情况，热源距离本项目的距离，可供本项目的热负荷及参数与价格情况。

各种气源，区域空分装置配套情况。消防设施情况，最近的消防队配备情况、规模以及到本项目的距离和时间。其他公用工程条件调查与叙述。

e. 用地条件。调查区域土地使用现状，说明占用土地的性质，是否属于经过土地资源部门批准的规划用地。说明获得土地使用权或征用土地的各种费用、补偿方式、税金，需要动迁的要说明搬迁的人口数量和补偿情况，动迁和拆迁补偿的还需要说明动迁人的态度，维护公众利益情况。

f. 环境保护条件。调查区域环境保护现状，环境容量状况以及环保法规情况，区域环境保护设施，接纳本项目的能力等。研究环境状况对投资项目的影响。

② 场（厂）址选择。场（厂）址选择包括渣场（填埋场）或排污场（塘）地的选择。大型联合装置、生产基地、工业园区的建设，其场（厂）址选择要进行专题研究。场（厂）址选

择应符合所在地区的规划，符合国家产业布局政策和宏观规划战略，符合国家、行业、地方政策、法律、法规等要求。场（厂）址选择应有利于资源合理配置；有利于节约用地和少占耕地及减少拆迁量；有利于依托社会或依托现有设施；有利于运输和原材料、动力供应；有利于环境保护、生态平衡、可持续发展；有利于劳动安全及卫生、消防等；有利于节省投资、降低成本、增强产品质量、提高经济效益。特殊化学品的场（厂）址选择应符合国家有关专项规范要求。如存在多个可选场（厂）址，应归纳各场（厂）址方案的优缺点，对拟选场（厂）址从地区条件、建设条件、投资和运行费用、环境保护等诸多方面进行定性和定量比较，必要时进行技术经济综合比较并作动态分析。通过多方面对比分析和方案比较，确定推荐场（厂）址。提出场（厂）址推荐方案意见，说明推荐理由，论述推荐方案的主要特点、存在的问题及对存在问题的处理意见或建议。附场（厂）址区域位置图和推荐场（厂）址方案示意图，附所在区域的土地利用规划情况和土地主管部门的意见。

3.2.1.5 原材料与燃料及动力供应

在研究确定建设规模、产品方案、工艺技术方案时，要明确项目所需主要原材料和燃料的品种、数量、规格、质量的要求，对价格进行分析研究，并结合场（厂）址方案的比选确定其供应方案。

（1）原材料与燃料及动力供应的分析。原材料与燃料及动力供应的分析包括原材料、燃料和动力供应方案选择应考虑的主要因素以及主要比选内容。

（2）原材料与燃料及动力供应的编制内容。

① 主要原材料、辅助材料、燃料的种类、规格、年需用量。根据工艺技术和工程方案的优化，确定主要原材料、辅助材料、燃料的种类、规格、年需用量，说明其来源以及运输方式。

② 矿产资源的品位、成分、储量等初步情况。项目直接采用矿产资源的，应说明矿产资源的品位、成分、储量、开采规模等初步情况，说明供应的方式。

③ 水、电、气和其他动力供应。说明水、电、气和其他动力小时用量及年需用量，说明供应方式和供应条件。外供需要有供应协议和方案，自供的需要说明供应方案。改、扩建和技术改造项目，要提供原有企业和改造后动力供需平衡图（表）。说明原有装置的负荷和运行情况。

④ 供应方案选择。对于原材料、燃料和动力供应要进行方案比选，通过方案比较，选择相对优化的方案。

3.2.1.6 总图运输方案研究

总图运输方案研究主要是依据确定的项目建设规模，根据场地、物流、环境、安全、美学对工程总体空间和设施进行的合理布置。项目性质不同，总图运输方案考虑的侧重点不同，要根据项目特点，考虑其特定因素。

（1）总图运输方案。总图运输方案包括总体布置与厂区总平面布置、竖向布置、厂（场）内运输、厂（场）外运输、绿化方案以及比选方法等。

（2）总图运输、储运、界区内外管网编制内容。改、扩建和技术改造项目，要介绍原有企业总图、储运等情况。对可利用的设施，要具体说明总体平衡情况。需要拆迁还建的，或者结合新建项目综合考虑以新带老或合并考虑重建的，要具体说明新的工程量，并进行具体方案比选。

　　a. 平面布置。说明厂区规划、总用地面积以及各装置、设施占地并列表，简述总平面布置的原则。提出不同的总图布置方案，简述各方案的优缺点，附各方案总平面布置图。

　　在进行分析比较的基础上提出推荐方案，介绍推荐方案的特点。列出推荐方案总图的主要参数指标，包括土地利用技术经济指标，因地制宜，提出工厂绿化方案及绿化面积、提出拆迁工程量，需要还建或补偿的，根据相关政策或投资方与当地政府协商的政策，对还建方案和补偿方式进行说明。拆迁工程量可列表表示。

　　b. 竖向布置。竖向布置原则，当新建厂区占地面积较大，或自然地形坡度较大，或施工、生产、运输等方面有特殊要求时，应作竖向方案比较；提出推荐的竖向布置方案及设防说明；提出工厂防洪标准及措施、场地排水方式、土石方工程量。

　　c. 总图主要工程量。简述主要工程量并列表。

　　d. 全厂运输。说明总的货物吞吐量，论述选择运输方式的原则，根据全厂运输量和各种物料的属性、形态和物理性质等确定运输方案，对主要物料运输方案进行比较，列出采用不同运输方式的运输量。

　　根据目前市场情况，结合建厂所在地区特点，尽可能依托社会运输力量。对于建设规模较大，或建厂地区的协作条件较差的地区，应对自建和依托社会运输力量作技术经济比较。对大宗货物的铁路运输、水路运输，分析铁路、航道的运输能力，并附承运部门的"承运意见函"。场外运输存在多种方式时，需要通过经济技术比较确定较优运输方式。

3.2.1.7 工程方案及配套工程方案

　　工程和配套工程方案是在技术方案和设备方案确定的基础上，围绕着工艺生产装置在建筑、结构、上下水、供电、供热等专业以及维修、服务等方面进行系统配套与完善，形成完整的运行体系。工程和配套工程方案与项目的技术方案和设备方案以及建设规模和产品方案选择形成互为条件，也是投资估算和经济分析的重要基础，是影响项目环境、安全以及经济合理性的重要因素。

　　根据市场经济的规律，结合建厂所在地区的条件，坚持尽量依托社会力量配套服务的原则。对于改、扩建和技术改造项目，要说明原有企业公用工程和辅助设施配套情况，说明原有企业供需总体平衡情况，提出余量和潜在的能力，以及能为本项目提供的数量。

　　在开发区、工业园区建设的项目，要提供开发区、工业园区配套能力、发展规划，说明为本项目提供的服务及供应量，供应条件、价格和有关协议。

　　（1）工程方案。工程方案选择是在已选定项目建设规模、技术方案和设备方案的基础上，研究论证主要建筑物、构筑物的建造方案。工程方案主要指土建工程，但不全是土建工程，还可按功能分类有多种称谓。

　　① 建筑和结构方案比选。在满足生产需要的前提下，按照适用、经济、美观的原则，结合建设场地的具体条件，合理开展土建工程方案研究。应广泛采用新结构、新构件、新材料，充分利用当地材料。

　　对大型建（构）筑物、重要建（构）筑物采用的结构方案应通过经济技术比选确定，以节约建筑投资，做到技术先进、合理、安全适用、施工方便。

　　② 工程方案编制内容。不同行业工程方案编制内容差异较大，下面给出一般工业项目

工程方案编制内容，其他行业可根据行业具体情况，参考该内容格式编制，增加相关内容。有些行业的工程方案属于生产工艺方案，如矿产开采项目的开拓方式、水利工程的坝体建筑结构、道路工程的路基等。

a. 工程地质概况。简述工程地质地貌概况，说明特殊地质问题。

b. 建筑设计。建筑设计基本原则，应遵守国家现行规范和规程，精心设计，确保工程安全可靠、经济合理、技术先进、美观适合。建筑设计应充分考虑当地的自然条件，因地制宜，积极结合当地的材料供应和施工条件，采用新技术、新材料、新结构。建筑风格力求统一协调。在平面布置、空间处理、构造措施、材料选用等方面，应根据工程特点满足防火、防爆、防腐蚀、防震、防噪声等要求。建筑装修标准，描述屋面、墙体、地面、门窗、天棚吊顶、内墙装修、外墙装修等要求。

c. 结构设计。结构设计原则，严格遵守国家和行业规范、标准，精心设计，做到安全可靠、技术先进、经济合理、施工方便。积极采用新技术、新材料，因地制宜结合当地情况优先考虑采用当地材料、构件等。地基处理根据当地的地质条件，结合上部结构要求确定安全、合理的处理方案。对于地震区域，根据抗震设防要求，确定合理的抗震结构形式和措施。

地基基础处理，根据工程地质情况，提出地基处理原则方案及结构方案，描述主要构筑物基础和上部结构。

③防震抗震编制内容。提出编制依据，包括国家对抗震方面的有关政策和标准，以及地方对抗震方面的有关规定和要求。包括工程地地形、地貌、工程地质特征；抗震设防主要参数、抗震设防烈度；工程场地、设计地震分组；设计基本地震加速度；工程场地水平地震影响系数（最大值）、地震特征、周期值。说明抗震设计原则及措施，包括场（厂）址选择和总图符合抗震要求；建（构）筑物设计应符合抗震要求，采取措施；主要设备、储罐、管道、电气等防范应符合抗震要求，并采取相应措施。

（2）系统配套工程方案。建设项目的配套工程系指公用工程、辅助工程和厂外配套工程等。配套工程方案是项目建设方案的重要部分，必须做到方案优化、工程量明确。应明确水、电、气、热等物质的来源、总用量、供应方案，并计算各分项工程量。位于工业园区的工程建设项目应优先考虑依托园区公用工程岛供应。

公用和辅助工程一般包括：给水排水工程、供电与通信工程、供热工程、空调系统、采暖通风系统、压缩风（含压缩空气、仪表空气）和氮气等系统以及分析化验、维修设施、仓储设施等。

厂外配套工程通常包括：防洪设施（如防潮防浪堤、防洪坝、导洪坝和导洪渠等）、铁路专用线、道路、业主码头、水源及输水管道、排水（包括污水管道、雨水和清净废水管道）管道、供电线路及通信线路、供热及原材料输送管道、厂外仓储及原材料堆场、固体废物堆场、危险废物填埋场或处置场、固体物料输送工程等。

3.2.1.8　环境保护

环境保护是可行性研究报告中的重要内容之一。建设项目实行环境保护一票否决制。建设项目在可行性研究阶段同时要开展环境影响评价，按照规定编报环境影响评价有关文件。

为了实施可持续发展战略，预防因开发利用自然资源、项目建设对环境造成的不良影响，防止环境污染、土地沙化、水土流失等生态失调现象的发生和发展，保护各种类型的自然生态系统区域、自然遗迹、人文遗迹等，在项目建设方案研究中必须包括环境保护方案的研究，并形成相应的环境保护篇（章）。

建设项目的环境保护要根据国家要求，结合污染物的特性、排放量、浓度以及危害性，采取切实有效的防护措施。总体思路是：促进产品更新换代和生产技术进步；大力推进以清洁生产为中心的技术改造；减弱工业污染及其危害性，做到增产不增污或增产减污；按国家规定全面达标排放。在研究具体治理措施方案时要考虑以下几方面的原则。

（1）综合治理原则。综合治理首先应从控制产生污染源头着手。尤其是产生严重污染的项目应结合产品结构调整，采用先进工艺和装备，淘汰落后的生产工艺和设备，大力推进清洁生产，以减少污染物排放，降低污染程度。

（2）综合利用原则。有些企业排出的废渣、煤矸石、污泥等可以回收和综合利用，作为某些产品的原材料，变废为宝，变害为利。

（3）先进适用原则。环保治理采用的技术方案，应具有先进性、适用性、可靠性，并对生产流程相关环节的污染进行全过程控制。根据项目的特性，因地制宜选择环保治理工艺和设备，避免二次污染，实现达标排放。

（4）同步建设原则。需要配套建设的环境保护设施与项目主体工程要做到统筹规划和同步建设。即统筹场区总平面布置规划，同时设计、同时施工、同时投产使用。

（5）方案比较原则。应在方案比较的基础上确定环境保护和环境污染防治等技术措施，根据国家环境保护政策，重点比较如下内容：① 符合国家环保政策和综合治理、综合利用原则；② 积极推行清洁生产工艺，做到增产不增污或增产减污；③ 环保治理技术先进、适用、可靠，能进行生产过程相关工序的全过程控制，做到达标排放；④ 便于管理、监测和操作；⑤ 节约建设投资和运行维护费用。

除此之外，对于提出的环境污染防治措施还应进行技术水平、治理效果、管理及监测方式、污染治理效益（包括经济效益、社会效益、环境效益及公众利益保护）等比较。

3.2.1.9 安全、职业卫生与消防

安全、职业卫生与消防是可行性研究报告中的重要内容之一。建设项目实行安全预评价一票否决制。建设项目在可行性研究阶段同时要开展安全预评价，按照规定编报安全预评价有关文件。

安全、职业卫生与消防是一项政策性很强的工作，涉及国家、地方有关法规和当地居民要求，对境外投资项目要了解当地政府和当地居民的规定和诉求，认真做好调研，避免引起麻烦和不必要的纠纷。建设项目的安全设施、职业病防护措施应与主体工程同时设计、同时施工、同时投入生产和使用。

（1）安全篇章编制内容。说明采取的法律法规、部门规章和标准规范，包括国家和相关部门的法律法规和部门规章、安全相关标准规范、项目所在地对安全的有关规定和要求。

① 生产过程中可能产生的危险有害因素分析，包括以下内容。

危险物品的特性分析。根据《危险货物分类和品名编号》，分析项目生产过程中可能存在的危险物品（包括原材料、中间产品、副产品及产品、催化剂等），阐述其危害特性、分类，是否属剧毒品、高毒品、易制毒化学品、监控化学品等。

首批重点监管的危险物品分析。根据应急管理部规定，分析项目中是否存在首批重点监管的危险物品。

首批重点监管的危险生产工艺分析。分析项目中是否存在首批重点监管的危险生产工艺。工艺安全性是否有保证，对于新工艺建议采取危险和可操作性研究法进行分析。

重大危险源分析。分析项目中是否存在重大危险源，并对重大危险源进行分级。

生产过程中可能产生的危险有害因素分析。根据项目涉及的危险物品特性、操作参数，进行过程危险源分析，分析生产或贮存过程中可能产生的危险有害因素，如火灾爆炸、超压爆炸、中毒、高温烫伤、机械伤害、酸碱灼伤等，并对其产生的主要岗位进行阐述。

② 环境危害因素分析，包括以下内容。

自然危害因素分析。项目所在地自然危害因素如地震洪水、高温、雷电等对项目可能产生的危害分析。

周边环境危害因素分析。周边环境可能对项目的危害分析。根据项目中可能存在的危险有害因素分析，从厂址选择、工艺安全、总平面布置、防火防爆等方面采取安全措施，如：危险物品和危险工艺的监管、重大危险源的监控、控制系统和安全仪表系统设置、消防系统设置、防火防爆措施等。

应根据项目的具体情况，设置安全管理机构，并配备专职或兼职的管理人员，建立相应的安全管理规章制度。列出安全设施的投资估算及占工程投资的比例。简述项目所采取的安全措施，能否使项目在安全方面达到有关法律法规、标准规范的要求，能否达到保证安全生产的目的。

（2）职业卫生篇章编制内容。列出执行的法律法规、部门规章及标准规范，包括国家和相关部门的法律法规和部门规章、职业卫生相关标准规范、项目所在地对职业卫生的有关规定和要求。职业病危害因素和职业病分析包括以下内容。

① 周边环境职业危害因素分析。项目所在地自然环境及周边地区对职业卫生可能产生的影响和危害，如地方病、流行病等。

② 项目生产过程中可能产生的职业危害因素和职业病分析。根据《职业病危害因素分类目录》的规定，分析本项目生产过程中的职业病危害因素和职业病。职业病危害因素应根据其分类，对其危害特性、接触限值等进行阐述。

③ 可能接触职业病危害因素的部位和人员分析。根据项目的情况，对装置可能产生的职业病危害因素的主要部位、可能接触人数、接触时间进行分析。

说明采取的职业卫生防护措施，根据项目生产过程中所存在的职业病危害因素，应从选址、总体布局、防尘防毒、防暑防寒、防噪声与采光和照明、辅助用室等方面采取职业卫生防护措施。

应根据项目的具体情况，设置职业卫生管理机构，配备专职或兼职的管理人员，建立相应的职业卫生规章制度。列出职业卫生防护设施的投资估算及占工程投资的比例。

简述项目所采取的职业卫生防护措施，能否使项目在职业健康方面达到有关法律法规、标准规范的要求，能否起到保护职业健康、防止职业病发生的作用。

（3）消防。工程建设项目的消防工作是保护公民人身、财产和公共财产安全，维护公共安全的一项重要举措，事关经济发展和社会稳定大局。工程建设应切实贯彻"预防为主、防消结合"的方针,以保证建设工程的消防设计符合国家工程建设消防技术标准。

消防篇章编制内容如下。

说明编制依据,包括国家、行业和地方颁布的有关消防的法律、法规、标准、规范。描述项目临近单位和消防部门的消防设施和协作条件,提出可依托的可能性。对改、扩建和技术改造项目要对原有消防系统进行描述,包括消防标准、消防体制、消防设施等,提出可依托的可能性。

根据工程的原材料、中间产品及成品的物性,说明在储存过程、生产过程、运输过程等各个环节的火灾危险性,根据工艺生产和辅助设施的运行特点,说明各生产部位、建筑物、厂房等产生火灾的危险性。根据火灾危险性,确定各单项工程的火灾危险性类别。

说明采用的防火措施及配置的消防系统,包括以下内容。

① 各专业防火措施。

工艺过程:论述工艺过程危险性分析及主要消防措施。

总图:主要说明总平面布置中功能分区、竖向布置、安全间距、消防道路、人流和车流组织、出入口数量及工程周边建(构)筑物防火间距情况。

建筑:主要说明建(构)筑物防火分区、防爆措施、安全距离等。

电气:说明供电的负荷等级、电源的数量及消防用电的可靠性,爆炸危险区域的划分,防雷击、防静电措施。

采暖通风:说明采暖通风及建筑物防烟、排烟措施。

② 消防系统。

水消防系统。说明室内外消防用水计算及依据。给出水源形式、供水能力、贮存量,管网的形式、管径,水压措施和消火栓的间距、保护半径等。说明室内外消防设施的设置如室内外消火栓,消防水炮,消防竖管,灭火器等的配置情况。

其他消防系统如自动水喷淋、水喷雾系统,固定、半固定泡沫灭火系统,气体灭火系统,干粉灭火系统,蒸汽灭火系统及火灾报警系统的选择及方案简述。

消防排水,提出消防排水的收集措施。消防设施费用及比例。说明消防设施投资费用及所占投资比例。

3.2.1.10 节能、节水

(1)节能。节能是我国经济和社会发展的一项长远战略方针,也是当前一项极为紧迫的任务。项目的建设方案必须体现合理利用和节约能源的方针,建设项目在可行性研究阶段节能篇章的编制内容如下。

列出项目应遵循的主要法律、法规及设计标准,包括国家、项目所在地政府、项目所处行业及企业标准等。对外投资,应遵循项目建设地国家或地区、行业和地方有关法律、法规。列出项目所需能源的品种、数量。简述能源利用特点及合理性。改、扩建和技术改造项目要给出现有装置用能状况。简述能源供应状况,分析能源来源、供应能力、供应方案、长期供应稳定性、在量和价方面对项目的满足程度、存在问题及风险。

阐述项目节能分析与措施,包括以下内容。

① 全厂综合性节能技术和措施。根据项目具体情况,从项目整体优化入手,原料、产品之间是否形成产业链、热能资源及水资源是否合理充分利用等。项目总体用能是否合理。

对节能技术改造项目明确要达到的节能目标。

② 装置节能技术和措施。对工艺技术节能，公用工程、辅助生产设施节能，设备、材料节能，自动控制方案节能，电气方案节能，总体布置、装置布置和管道布置方案节能，采暖通风方案节能，建筑方案节能等进行节能措施及效果描述。列出主要能源消耗量并折算能耗，汇总各种能耗得出项目综合耗能。

对能耗进行分析，包括全厂能耗构成及分析、单位产品能耗分析。

（2）节水。项目建设必须贯彻节约用水、高效用水，遵守水资源永续利用的原则。建设项目要实行更加严格的水资源政策，必须评估水资源的承受能力和合理使用水资源。列出项目所需水资源的品种、数量。简述水资源利用特点及合理性。改、扩建和技术改造项目要给出现有装置用水状况。简述水资源供应状况，分析水源、供应能力、供应方案、长期供应稳定性、在量和价方面对项目的满足程度、存在问题及风险。

根据项目具体情况，从项目整体优化入手，说明项目总体用水和水资源利用的合理性。对技术改造项目，明确要达到的节水目标。工艺装置、公用工程、辅助生产设施中主要耗水装置分别叙述采用的节水措施和效果。列出水耗指标并进行分析，包括水耗指标、水耗分析。

3.2.1.11 项目组织与管理

建设项目建设期间的组织管理对项目的成功组织与实施有着重要作用。项目确定的实施计划，是确定项目资金使用计划和建设期的依据。

（1）组织机构与人力资源配置。按照市场经济规则，企业组织机构要创新，按照现代企业制度要求设置管理机构，原则是高效、精干。

① 人力资源配置。不同行业、不同岗位人力资源配置的方法不同，主要有如下方法。

按劳动效率计算定员，按设备计算定员，按劳动定额定员，按岗位计算定员，按比例计算定员，按组织机构职责范围、业务分工计算管理数，或按照经验数据和管理人员占总员工的比例计算管理人员人数。

② 提前进场和员工培训。可行性研究阶段应根据需要提出提前进场人员、时间和数量，提出投产前员工培训计划，包括培训岗位、人数、培训内容、目标、方法、地点和培训费用等。

（2）组织机构与人力资源配置的编制内容。

① 企业管理体制及组织机构设置。简述企业管理体制及其确定原则，列出企业管理组织机构。改、扩建和技术改造项目，要简述现有管理体制和组织机构，并提出新项目建设后与旧体制的关系。

② 生产班制与人力资源配置。根据国家、部门、地方的劳动政策法规，结合项目具体情况，提出生产运转班制和人员配置计划。

③ 人员培训与安置。根据国家、部门、地方的劳动政策法规，结合项目具体情况，合理招聘各种人员。

（3）项目招标。根据《中华人民共和国招标投标法》和《中华人民共和国招标投标法实施条例》，在中华人民共和国境内进行下列工程建设项目，包括项目的勘察、设计、施工、监理以及与工程建设有关的重要设备、材料等的采购，必须进行招标：

① 大型基础设施、公用事业等关系社会公共利益、公众安全的项目；

② 全部或者部分使用国有资金投资或者国家融资的项目；

③ 用国际组织或者外国政府贷款、援助资金的项目。

前款所列项目的具体范围和规模标准，由国务院发展改革部门会同国务院有关部门制订，报国务院批准。法律或者国务院对必须进行招标的其他项目的范围有规定的，依照其规定。

任何单位和个人不得将依法必须进行招标的项目化整为零或者以其他任何方式规避招标。

2018年6月1日起施行的《必须招标的工程项目规定》（中华人民共和国国家发展和改革委员会令第16号），明确：

① 全部或者部分使用国有资金投资或者国家融资的项目包括：

a. 使用预算资金200万元人民币以上，并且该资金占投资额10%以上的项目。

b. 使用国有企业事业单位资金，并且该资金占控股或者主导地位的项目。

② 使用国际组织或者外国政府贷款、援助资金的项目包括：

a. 使用世界银行、亚洲开发银行等国际组织贷款、援助资金的项目。

b. 使用外国政府及其机构贷款、援助资金的项目。

不属于①、②规定情形的大型基础设施、公用事业等关系社会公共利益、公众安全的项目，必须招标的具体范围由国务院发展改革部门会同国务院有关部门按照确有必要、严格限定的原则制订，报国务院批准。①、②规定范围内的项目，其勘察、设计、施工、监理以及与工程建设有关的重要设备、材料等的采购达到下列标准之一的，必须招标：

a. 施工单项合同估算价在400万元人民币以上。

b. 重要设备、材料等货物的采购，单项合同估算价在200万元人民币以上。

c. 勘察、设计、监理等服务的采购，单项合同估算价在100万元人民币以上。

同一项目中可以合并进行的勘察、设计、施工、监理以及与工程建设有关的重要设备、材料等的采购，合同估算价合计达到前款规定标准的，必须招标。

招标分为公开招标和邀请招标。国务院发展改革部门确定的国家重点项目和省、自治区、直辖市人民政府确定的地方重点项目不适宜公开招标的，经国务院发展改革部门或者省、自治区、直辖市人民政府批准，可以进行邀请招标。

需要邀请招标的项目，根据项目的性质和管理权限，应由项目审批、核准部门在审批、核准项目时作出认定或由招标人申请有关行政监督部门作出认定。涉及国家安全、国家秘密、抢险救灾或者属于利用扶贫实行以工代赈、需要使用农民工等特殊情况，不适宜进行招标的项目，按照国家规定可以不进行招标。有下列情形之一的，可以不进行招标：

a. 需要采用不可替代的专利或者专有技术。

b. 采购人依法能够自行建设、生产或者提供。

c. 已通过招标方式选定的特许经营项目投资人依法能够自行建设、生产或者提供。

d. 需要向原中标人采购工程、货物或者服务，否则将影响施工或者功能配套要求。

e. 国家规定的其他特殊情形。

招标项目按照国家有关规定需要履行项目审批手续的，应当先履行审批手续，取得批准。按照国家有关规定需要履行项目审批、核准手续的进行招标的项目，其招标范围、招标方式、招标组织形式应当报项目审批、核准。项目审批、核准部门应当及时将审批、核准确定的招标规范、招标方式、招标组织形式通报有关行政监督部门。

（4）项目代建制。工程项目代建制是规范政府投资项目管理的重要举措。《国务院关于投资体制改革的决定》，要求对采用直接投资方式的非经营性政府投资项目加快实行代建制。在代建期间，代建单位在项目单位授权范围内行使代建职权。代建制项目的代建费用标准和付费方式，暂由各级政府价格主管部门或有关部门规定。

（5）项目实施进度与计划的编制内容。

① 建设工期。建设工期一般是指从拟建项目永久性工程开工之日到项目全面建成投产或交付使用所需要的全部时间。建设工期可参考有关行业部门或专门机构制定的定额和单位工期定额，也可采用已建工程的经验数据。通常建设工期应根据项目建设内容、工程量大小、建设难易程度以及资金保障程度、施工条件和管理组织等多因素综合研究确定。

② 项目实施进度与计划的编制内容。

a. 项目组织与管理。根据项目主办单位意见结合项目具体情况，提出项目组织管理方案。

b. 实施进度计划。根据项目性质和以往工程项目经验，确定合理的项目实施进度计划。列出项目实施进度计划表。

c. 项目招标内容。根据项目性质，对于政府投资项目，应按照有关规定编制项目招标内容。具体内容包括：投资项目的勘察、设计、施工、监理以及重要设备、材料等采购活动的具体招标范围（全部或者部分招标），拟采用的招标组织形式（委托招标或者自行招标）。拟自行招标的，还应按照《工程建设项目自行招标试行办法》规定报送书面材料；投资项目的勘察、设计、施工、监理以及重要设备、材料等采购活动拟采用的招标方式（公开招标或者邀请招标），国家重点投资项目采用邀请招标的，应对采用邀请招标的理由作出说明。

d. 代建制内容。根据项目性质，对于政府投资项目，应按照有关规定编制项目代建制内容。具体内容包括：代建单位的选择标准及要求，代建单位的选择过程，代建方式的确定，不予招标或不宜招标的说明。

e. 主要问题及建议。分析项目实施过程中可能影响计划实施进度的因素，提出建设性的防范措施和解决建议。

3.2.2 投资估算

投资估算是指在项目投资决策过程中，依据现有的资料和特定的方法，对建设项目的投资数额进行的估计。根据国家规定，从满足建设项目投资设计和投资规模的角度，建设项目投资估算包括对建设投资、建设期利息和流动资金的估算。

3.2.2.1 投资估算阶段的划分

不同阶段的投资估算，运用的方法和允许的误差是不同的。项目规划和项目建议书阶段，投资估算精度要求低，可采用简单的匡算法，如单位生产能力估算法、生产能力指数法、系数估算法、比例估算法等。在可行性研究阶段，投资估算精度要求高，需采用相对详细的投资估算方法，如指标估算法。

（1）投资机会研究及项目建议书阶段估算工作比较粗略，估算误差率在30%左右，作为项目建议书审批、初步选择投资项目的依据。

（2）初步可行性研究阶段进行项目可行性判断，初步评价估算误差率在20%左右，作为是否进行可行性研究的依据和确定辅助性专题研究的依据。

（3）详细可行性研究阶段进行全面详细技术经济分析论证，进行方案比选、确定结论，估算误差率在10%左右，作为编制设计文件的主要依据。

3.2.2.2 固定投资估算的基本方法

固定投资估算的基本方法包括生产能力指数法、资金周转率法、分项类比估算法（比例估算法）、工程概算法、系数（因子）估算法、投资指标估算法等；按是否考虑通货膨胀可分为静态投资估算和动态投资估算。

（1）静态投资估算。静态投资是指构成固定投资的各项费用中，除了建设期利息、价差预备费之外的费用。

① 生产能力指数法。在生产能力指数法中，投资主要与项目的生产能力有关，依靠已建成的、性质类似的建设项目的投资额和生产能力与拟建项目的生产能力，来估算拟建项目的投资额。

② 资金周转率法。资金周转率根据产品的产值和资金周转次数估算。

③ 分项类比估算法。分项类比估算法认为投资主要与拟建工程设备购置费有关，以拟建项目的设备购置费为基数估算。

④ 工程概算法。工程概算法是目前国内应用较广的一种方法，按行业或地区有关标准定额进行计算。建设投资由工程费用、工程建设其他费用等部分构成。其中工程费用又由建筑工程费、设备购置费（含工器具及生产家具购置费）和安装工程费构成；工程建设其他费用内容较多，且随行业和项目的不同而有所区别。

（2）动态投资估算。动态投资是包括了建设期利息、价差预备费等在内的费用，即考虑了通货膨胀、利息等因素，动态投资估算在固定投资中除静态投资部分的资金估算外还包括建设期利息、价差预备费等。

3.2.2.3 流动资金的估算

流动资金应包括维持项目正常运行所需的全部周转资金。可根据研究阶段的不同，用扩大指标估算法或分项详细估算法进行估算。

（1）扩大指标估算法。参照同类企业流动资金占营业收入的比例（营业收入资金率），流动资金占经营成本的比例（经营成本资金率），或单位产量占用流动资金的数额来估算流动资金的方法。扩大指标估算法适用于项目建议书阶段。

扩大指标估算法可以依据的费用包括固定资产投资、经营成本、销售收入、年产值等。其计算公式如下：

$$所需的流动资金额 = 所依据的费用 \times 类似项目流动资金占该费用的比例$$

① 按经营成本的一定比例估算。例如，矿山流动资金按经营成本的25%估算。

② 按固定资产投资的一定比例估算。例如，国外有的化工企业流动资金按固定资产投资的15%～30%估算。

③ 按年收入的一定比例估算。

④ 按每百万元产值占用的流动资金估算。

（2）流动资金分项详细估算法。

$$流动资金 = 流动资产 - 流动负债$$

$$流动资产 = 应收账款 + 预付账款 + 存货 + 现金$$

流动负债＝应付账款＋预收账款

3.2.3 资金筹措

3.2.3.1 资金筹措的任务及要求

融资方案研究是在已确定建设方案并完成投资估算的基础上，结合项目实施组织和建设进度计划，构造融资方案，进行融资结构、融资成本和融资风险分析，优化融资方案，并作为融资后财务分析的基础。

项目的融资方案研究的任务，一是调查项目的融资环境、融资形式、融资结构、融资成本、融资风险，拟定出一套或几套可行的融资方案；二是经过比选优化，推荐资金来源可靠、资金结构合理、融资成本低、融资风险小的方案。

资金筹措包括权益资金和债务资金筹措。在可行性研究阶段，建设单位或投资主体应与咨询单位一起，在建设方案研究的同时进行融资方案的研究。项目决策时，应有明确的资金来源渠道，做到权益资金来源可靠，债务资金来源应有债权人的承诺。对于融资数额较大的建设项目，应专题做融资方案研究报告，作为可行性研究报告的附件。

3.2.3.2 资金筹措的编制内容

（1）资金来源。

① 权益资本。说明项目权益资金的来源及方式，权益资金筹措时，权益资本的比例不仅要满足国家规定的不同行业最低要求，还应考虑债权人的要求。同时根据项目具体情况和投资者的情况，参照行业平均水平，合理确定投资项目权益资本比例。根据目前我国政府有关规定，项目资本金比例是以规模总投资为依据，而符合国际惯例的权益资本比例是以项目总投资为依据。外商投资项目和境外投资项目以符合国际惯例的项目总投资（或投资总额）为依据。

值得注意的是：上报国家和地方政府有关部门审批的项目，30%的铺底流动资金必须是权益资本。

② 债务资金。说明项目债务资金的来源及方式，给出债务资金的使用条件，包括利率、还款期、宽限期等。

③ 准股本资金。说明项目使用准股本资金的来源及使用条件。

④ 融资租赁。说明使用融资租赁的理由，明确租赁方案，必要时应对融资租赁作专门研究。

（2）中外合资经营项目资金筹措。

① 注册资金最低比例的规定。说明项目注册资本的比例和确定依据，根据《中华人民共和国外商投资法》和国家市场监督管理总局相关规定，根据投资规模不同确定，注意规定的最低比例以及软件所占比例的限度。

② 中外合资各方的出资比例。说明合资各方的出资比例，说明是否按照规定出资比例构成各方的股本比例，合资各方按照股本比例分享收益和承担风险。注意国家对外方股本比例的有关要求，部分行业不允许外方控股或限制股本比例在一定范围内。

③ 资金使用计划。根据项目的实施计划、资金的筹措情况以及使用条件等编制投资计划与资金筹措表。

④ 融资成本分析。主要分析计算债务资金成本、权益资本成本和加权平均资金成本。权益资本采用资本定价模型计算资金成本。一般可行性研究报告中，可只做债务资金成本分析，根据项目的财务分析结果和债务资金利息的抵税因素，向投资者作出提示，合理确定各种资金的使用比例。

⑤ 融资风险分析。根据融资成本的分析和资金的使用条件，结合项目财务分析结果，向投资者提出风险提示。

采用项目融资模式的投资项目，要结合项目具体情况，在做融资成本分析的同时，专题做风险分析。

⑥ 融资渠道分析。根据项目具体情况，结合资金来源渠道、融资成本等，进行融资渠道分析，提出合理的融资渠道建议。包括政府资金介入的必要性和可能性分析、吸收其他不同渠道资金的必要性和可能性分析等，提出资金构成的建议。

3.2.4 财务分析

财务分析，又称财务评价，是项目决策分析与评价中为判定项目财务可行性所进行的一项重要工作，是项目经济评价的重要组成部分，是投融资决策的重要依据。

财务分析是在现行会计规定、税收法规和价格体系下，通过财务效益与费用（收益与支出）的预测，编制财务报表，计算评价指标，考察和分析项目的财务盈利能力、偿债能力和财务生存能力，据以判断项目的财务可行性，明确项目对财务主体及投资者的价值贡献。

财务分析有国际通用的编制方法，教科书也很多，我国政府投资和建设主管部门也发布了《建设项目经济评价方法与参数》，对财务分析方法和部分参数进行了规范和指导，各行业部门和一些大型企业集团、金融机构等也对财务分析方法进行了细化规范，并配套发布了详细的财务分析计算和判定参数，具体要求各有侧重点。

3.2.4.1 财务分析的作用与要求

（1）财务分析的作用。

① 项目决策的重要依据。在竞争性项目决策过程中，财务分析结论是重要的决策依据。根据财务分析的结论，项目发起人决策是否发起或进一步推进该项目，权益投资人决策是否投资于该项目，债权人决策是否贷款给该项目。

② 在项目方案比选中起着重要作用。一方面，财务分析是经济比选的重要方法，财务分析的结果直接作为方案比选的判据，同时财务分析结果可以反馈到建设方案构造和研究中，指导方案优化和方案设计，直至项目经济上趋于合理。

③ 配合投资各方谈判，促进平等合作。目前，投资主体多元化已成为项目的投资主流，存在着多种形式的合作方式，主要有国内合资或合作的股份制项目、中外合资或合作的项目、多个外商参与的合资或合作的项目等。在酝酿合资、合作的过程中，咨询工程师会成为各方谈判的有力助手，财务分析结果起着促使投资各方平等合作的重要作用。

④ 财务分析中的财务生存能力分析对非营利性项目决策发挥重要作用，特别是对非经营性项目、社会公益性项目的财务可持续性的考察起着重要的作用。

⑤ 财务分析可以作为经济分析的重要基础和依据。

（2）财务分析的要求。财务分析内容随项目性质和目标有所不同，对于旨在实现投资盈利的经营性项目，其财务分析内容应包括本章所述全部内容；对于旨在为社会公众提供公共产品和服务的非经营性项目，在通过相对简单的财务分析比选优化项目方案的同时，了解财务状况，分析其财务可持续性和生存能力，以便采取必要的措施使项目得以财务收支平衡，正常运营。

投资项目可以从不同角度进行分类，按照项目建设性质以及项目与企业原有资产的关系，分为新建项目和改扩建项目；按照项目的融资主体，分为新设法人项目和既有法人项目。既有法人项目，特别是依托现有企业进行改扩建与技术改造的项目（简称改扩建项目），在效益和费用估算方面有着显著的特点，应予以充分注意。

根据投资人的划分以及建设地点不同又可以有政府投资项目、企业投资项目、外商投资项目、境外投资项目之分，按照行业划分又有盈利项目和非营利性项目、竞争性项目和基础设施或公共服务类项目之分，各类项目在财务分析的内容与要求上都有所侧重和不同。工作中应根据项目具体情况进行分析。

财务分析时应根据项目具体情况，结合项目性质，掌握财务分析的原则，正确界定项目的范围，确定计算和判别参数与数据，选择合适的分析方法，必要时应满足决策者不同的需要。

3.2.4.2 财务分析的编制内容

（1）成本和费用估算。

① 成本和费用估算的依据及说明。

a. 项目所在地区或国家有关法律、法规和文件。

b. 公司或企业有关规定和文件。

c. 有关参考信息、资料来源。

d. 有关方面合同、协议或意向。

e. 对所采用的依据加以说明。

② 成本和费用估算。成本和费用估算的方法主要有生产要素估算法和制造成本加期间费用估算法。在可行性研究报告中，一般可按生产要素估算法估算，有特别要求时，可按制造成本加期间费用估算法估算。

生产成本费用（总成本费用）包括外购原材料费用、外购燃料费用、外购动力费用、制造费用、期间费用等。

制造费用包括折旧费用、维修费用、其他制造费用等。

由于固定资产投资实行消费型增值税政策，投资中的增值税可以抵扣企业增值税，因此，项目固定资产原值和摊销费用估算时，应扣除可抵扣的固定资产增值税额。

期间费用包括其他管理费用、财务费用、其他营业费用。

经营成本为总成本费用扣除固定资产折旧费、无形资产、其他资产摊销费用和财务费用后的成本费用。

副产品回收，为便于计算费用与效益，一般副产品回收计入销售收入中。但在计算单位生产成本时，应在原材料消耗中，扣除副产品回收费用。如果副产品收入占比很小，可以直接扣减；如果副产品收入占比较大，直接扣减将会导致单位成本计算偏差较大，此时可以采取与联产品相似的分推做法，按收入占比去分摊成本比较合理。

在计算单位生产成本时，联产品的成本分摊，应按行业有关规定或习惯做法。

应附以下表：成本和费用估算表、原材料消耗表、燃料和动力消耗表、固定资产折旧计算表、无形资产和其他资产摊销表。

③ 成本和费用分析。对成本构成项目和费用比例进行简要分析，根据项目特点与行业普遍水平比较，提出建议。单位成本分析，为配合竞争力分析，必要时进行单位成本分析，并与行业水平比较或与竞争对手比较。对应市场价格，作不同价格条件下的成本分析。

（2）销售收入和税金估算。

① 销售收入估算。销售收入是指投资项目销售产品或者提供服务获得的收入，是折现现金流量表中现金流量的主要项目之一，也是利润与利润分配表的主要科目之一。

销售收入估算的基础数据包括产品或服务的数量和价格。

② 税金估算。销售产品或服务涉及的税费主要有：增值税、消费税、资源税、城市维护建设税及教育费附加、地方教育费附加等。

项目增值税为销项税和进项税之差。计算增值税金时，注意各种产品的不同税率和出口产品退税率以及特殊产品的减免税率。

（3）财务分析。

① 财务分析的依据及说明。包括：

国家有关法律、法规和文件；公司或企业有关规定和文件；有关参考信息、资料来源；对所采用的依据加以说明。

② 财务分析的报表。包括：

项目投资财务现金流量表；项目资本金财务现金流量表；投资各方财务现金流量表；利润与利润分配表；借款还本付息计划表；财务计划现金流量表；资产负债表。

③ 财务分析指标。

a. 盈利能力分析。静态指标，指项目息税前利润（EBIT）、项目息税折旧摊销前利润（EBITDA）、经济增加值（EVA）、利润总额、税后利润、项目投资回收期、总投资收益率、资本金净利润率、投资利税率等。

动态指标，指项目投资财务内部收益率（FIRR）、项目财务净现值（FNPV）、项目资本金财务内部收益率（EFIRR）、投资各方财务内部收益率等。

b. 偿债能力分析。分析利息备付率、偿债备付（覆盖）率、借款偿还期等。

c. 财务生存能力分析。分析是否有足够的现金流维持正常运营，尤其是在项目投产初期。分析各年累计盈余资金是否出现负值，是短期还是长期，对出现负值的原因进行分析。

非经营性项目通过财务生存能力分析提出需要政府补助维持项目持续运营的费用。

④ 不确定性分析。

a. 敏感性分析。根据项目具体情况，找出项目的敏感因素，选择各敏感因素的变化率，计算其对项目盈利能力的影响。通过敏感性分析，计算敏感度系数和临界点，确定敏感程度，并绘制敏感性分析图。

b. 盈亏平衡分析。

（4）改扩建和技术改造项目财务分析特点。"有无对比"是可行性研究的基本法则之一，改扩建和技术改造项目是使用"有无对比"分析法的典型项目。

新设法人项目，"无项目"和"现状"均为零，"有项目"状态即为拟建项目实现目标，此时"新增""增量""有项目"数据均相同。

既有法人项目，在确定的项目范围内，若"现状"在"无项目"状态下维持不变，且"有项目"对"现状"也不产生直接影响，则此时"新增"与"增量"相等。

准确分析"无项目"状态和界定项目范围是"有无对比"分析的关键。

调查既有企业的基本情况，包括企业资产、经营和财务状况，既有企业要提供最近几年的财务报表，包括利润与利润分配表、现金流量表、资产负债表等。

判断"无项目"状态下，既有企业项目范围内生产经营状况、资产状况可能的变化以及可能的投资情况等。

分析"有项目"状态下在项目范围内对既有企业的影响，必要时要做总量分析。

"有无对比"分析的主要财务分析指标是增量财务内部收益率和增量财务净现值。同时参考还款资金的自足性和项目对既有企业绩效的改善程度。必要时要与总量指标结合，一起作为决策依据。

3.2.5 经济分析

经济分析是按照资源合理配置的原则，从国家整体角度考察项目的效益和费用，用货物影子价格、影子工资、影子汇率和社会折现率等经济参数，分析、计算项目对国民经济带来的净贡献，评估项目的经济合理性。企业自主决策的项目一般不要求做经济分析，如遇特大型项目或国家有关部门要求进行经济分析时，应按照《建设项目经济评价方法与参数》最新版的要求。

3.2.5.1 经济分析的作用

（1）正确反映项目对社会福利的净贡献，评价项目的经济合理性。财务分析主要是从企业（财务主体）和投资者的角度考察项目的效益。由于企业利益并不总是与国家和社会利益完全一致，项目的财务盈利性至少在以下几个方面可能难以全面正确地反映项目的经济合理性：国家给予项目补贴；企业向国家缴税；某些货物市场价格可能扭曲；项目的外部效果（间接效益和间接费用）。因而需要从项目对社会资源增加所做贡献和项目引起社会资源耗费增加的角度进行项目的经济分析，以便正确反映项目对社会福利的净贡献。

（2）为政府合理配置资源提供依据。在完全的市场经济状态下，可通过市场机制调节资源的流向，实现资源的优化配置。在非完全的市场经济中，需要政府在资源配置中起调节作用。但是由于市场本身的原因及政府不恰当地干预，可能导致市场配置资源的失灵。项目的经济分析对项目的资源配置效率，也即项目的经济效益（或效果）进行分析评价，可为政府的资源配置决策提供依据，提高资源配置的有效性。其主要体现在以下两方面。

① 对那些本身财务效益好，但经济效益差的项目实行限制。政府在审批或核准项目的过程中，对那些本身财务效益好，但经济效益差的项目实行限制，使有限的社会资源得到更有效的利用。

② 对那些本身财务效益差，而经济效益好的项目予以鼓励。对那些本身财务效益差，而经济效益好的项目，政府可以采取某些支持措施鼓励项目的建设，促进对社会资源的有效利用。

因此，应对项目的经济效益费用流量与财务现金流量存在的差别以及造成这些差别的原因进行分析。对一些国计民生急需的项目,如经济分析合理,而财务分析不可行,可提出相应的财务政策方面的建议,调整项目的财务条件,使项目具有财务可持续性。

(3)政府审批或核准项目的重要依据。在现行投资体制下,国家对项目的审批和核准重点放在项目的外部性、公共性方面,而经济分析强调对项目的外部效果进行分析,可以作为政府审批或核准项目的重要依据。

(4)为市场化运作的基础设施等项目提供财务方案的制定依据。对部分或完全市场化运作的基础设施等项目,可通过经济分析来论证项目的经济价值,为制定财务方案提供依据。

(5)在比选和优化项目(方案)发挥重要作用。在项目可行性研究的全过程中强调方案比选,为提高资源配置的有效性,方案比选应根据能反映资源真实经济价值的相关数据进行,这只能依赖于经济分析,因此经济分析在方案比选和优化中可发挥重要作用。

(6)有助于实现企业利益、地区利益与全社会利益有机地结合和平衡。国家实行审批和核准的项目,特别强调要从社会经济的角度评价和考察,支持和发展对社会经济贡献大的产业项目。

3.2.5.2 经济分析的编制内容

(1)经济分析主要报表。经济分析主要报表是"项目投资经济费用效益流量表"。辅助报表一般包括建设投资调整估算表、流动资金调整估算表、营业收入调整估算表和经营费用调整估算表。如有要求,也可以编制国内投资经济费用效益流量表。

(2)主要经济分析指标。通过"项目投资经济费用效益流量表"计算经济净现值(ENPV)和经济内部收益率(EIRR)指标。

(3)敏感性分析。根据项目具体情况,找出项目的敏感因素,选择各敏感因素的变化率,计算其对项目盈利能力的影响。

(4)费用效果分析指标。费用效果分析基本指标是效果费用比($R_{E/C}$)。

3.2.6 风险分析

风险分析作为可行性研究的一项重要内容,贯穿于项目分析的各个环节和全过程。即在项目可行性研究的主要环节,包括市场、技术、环境、安全、消防、投资、融资、财务、经济及社会分析中进行相应的风险分析,并进行全面的综合分析和评价。风险分析首先应由各专业人员在可行性研究报告各章节内容中论述,并予以归纳。当认为其风险程度大且情况复杂时,应专题论述,必要时要通过项目负责人,对项目整体风险作分析。

(1)风险分析的意义与作用。投资项目投资量大,一旦建成就难以更改,因此必须在可行性研究阶段正确地认识到相关的风险,并在实施过程中加以控制,大部分风险的影响是可以降低和防范的。投资项目如果忽视风险的存在,仅仅依据基本方案的预期结果,采用某项经济评价指标达到可接受水平来简单决策,就有可能蒙受损失。

规避风险已成为各投资主体的主观需求。客观上要求可行性研究阶段必须进行风险分析。充分考虑风险分析的结果,在可行性研究的过程中,通过信息反馈,改进或优化项目研究方案,直接起到降低项目风险的作用,避免因在决策中忽视风险的存在而蒙受损失。同时,充分利用风险分析的成果,建立风险管理系统,有助于为项目全过程风险管理打下基础,防范和规避项目实施和经营中的风险。

（2）投资项目的主要风险。建设项目的风险主要有市场风险、技术与工程风险、组织管理风险、政策风险、环境与社会风险、其他风险等，要根据项目特点予以识别和防范。

（3）项目的风险对策。一般建设项目主要风险对策仅涉及消极风险或威胁的应对策略。风险回避、风险减轻、风险转移、风险接受等以上所述的风险对策不是互斥的，实践中常常组合使用。

（4）风险分析的编制内容。

① 风险因素的识别。应针对项目特点识别风险因素，层层剖析，找出深层次的风险因素。

② 风险程度的估计。采用定性或定量分析方法估计风险程度。

③ 研究提出风险对策。提出针对性的切实可行的防范和控制风险的对策建议。

④ 风险分析结果的反馈。在可行性研究过程中应将风险分析结果随时反馈于项目方案的各个方面，以便调整完善方案，规避风险。

⑤ 编制风险与对策汇总表。将项目的主要风险进行归纳和综述，说明其起因、程度和可能造成的后果，以全面、清晰地展现项目主要风险的全貌，将风险对策研究结果汇总于表，详见表3-1。

表3-1　风险及对策汇总表

主要风险	风险起因	风险程度	后果与影响	主要对策
A				
B				
……				

3.2.7　研究结论

（1）综合评价。对可行性研究中涉及的主要内容，概括性地给予总结评价。

（2）研究报告的结论。对可行性研究中涉及的主要内容及研究结果，给出明确的结论性意见，提出项目是否可行。

（3）存在的问题。对项目可行性研究过程中提出的问题进行汇总，并分析问题的严重性以及对项目各方面的影响程度。

（4）建议及实施条件。明确提出下一步工作中需要协调、解决的主要问题和建议，提出项目达到预期效果需要满足的实施条件。

3.3　可行性研究报告的评审

可行性研究报告的评审，是检验可行性研究报告的重要流程，本节分别介绍了可行性研究报告评审的通过要点、关键因素，以及审批流程。

3.3.1　通过要点

（1）项目可行性研究报告及相关附件资料的审查。

① 项目背景资料的可靠性、权威性。

② 可行性论证分析的内容是否完整。

③ 分析方法是否可行。
④ 是否存在先入为主的"假设"。
⑤ 项目可行性研究报告编制格式是否完整。
（2）拟投资项目与地方发展规划的符合性。
① 所在地域选择。
② 项目产业与区域规划的协调性。
③ 项目投资规模。
④ 项目产业链价值。
⑤ 项目带动效益。
（3）投资收益及风险。
① 风险分析是否充分。
② 风险规避措施是否可行。
③ 潜在风险对投资经营策略的影响。
④ 投资收益测算的可信程度。
⑤ 投资收益是否满足要求。
（4）项目建设内容评价。
① 项目建设内容与市场需求及产业政策符合性。
② 项目创新性。
③ 工程计划及销售计划是否可行。
（5）资源能力评价。
① 项目对企业战略的影响。
② 资金来源的可行性。
③ 项目开发管理能力。
④ 企业资源及解决途径的可行性。

3.3.2 关键因素

建筑类政府投资项目是政府投资的一个重要内容，针对此类政府投资项目的特点，特就其可行性研究报告评审的要点进行简要的分析。

3.3.2.1 评审的总体要求

（1）首先认真审核可行性研究报告中反映的各项情况是否属实。
（2）分析项目可行性研究报告中各项指标计算是否正确，包括各种参数、基础数据、定额费率的选取。
（3）国家和社会等方面综合分析和判断工程项目的经济效益和社会效益。
（4）分析和判断项目可行性研究的可靠性、真实性和客观性，最终提出项目建设是"可行的""基本可行的""不可行的"或"暂缓建设"的结论性意见。

3.3.2.2 建筑类政府投资项目评审要点

（1）必要性的评审。
① 是否对项目建设的实际需求进行了调查和分析论证。

② 是否对项目相关的规划目标进行了分析评价。

③ 是否从社会经济发展战略规划的角度，对项目目标功能定位进行了分析论证。

（2）场址选择的评审。评审可行性研究报告是否在项目建议书提出的场址初选方案基础上，进一步落实了各项建设条件，并加以分析论证，确定用地面积和界限。主要需评审的建设条件有以下内容。

① 项目是否通过规划、国土、环评等预审。

② 场址所在地和周边环境对拟建项目性质、规模是否适当。

③ 场址自然条件，包括地形、地貌、地震设防等级、水文地质、气象条件等是否适合于本项目建设。

④ 城市基础设施条件，包括供排水、供电、供气、供热、通讯、交通等是否能满足本项目需要。

⑤ 地上建筑的动迁情况是否影响项目建设。

⑥ 地上古迹、地下文物、资源、矿产等情况是否影响拟建项目建设及处理方案。

3.3.2.3 建设规模的评审

根据政府对项目立项批复的建设总目标、功能定位和建设规模的控制数，依据有关规范、规定指标或参考实践经验测算、论证可行性研究报告提出的建设规模，即总建筑面积及其总体框架是否科学合理。评审总体框架包含的各组成子项，或各功能板块、各功能区的划分和整合是否合理并成为有机整体。

评审可行性研究报告按各部分功能用房分类测算相互适应的分项建筑面积是否合理，例如，行政办公楼，含办公用房（办公和办公辅助用房）、特殊业务用房、设备用房、附属用房、警卫用房、人防等，分别列出所需建筑面积。建设规模的评审要重点审查采用的依据是否充分，是否经过调查研究和科学论证。有规范指标规定的，是否结合项目实际情况进行了测算，如办公楼中各级办公人员的办公用房、办公辅助用房、警卫人员用房以及人防、食堂、车库等均有面积指标可查，卫生间洁具的数量、走道宽度、大厅面积也都有规范限制，设备用房根据公用专业选用的设备方案也可测得需用面积，可以说大部分可以找到依据。调查研究和科学论证是指那些目前还缺乏依据的，例如办公楼中一些特殊业务用房等，是否实地调查其使用要求，并根据过去的使用经验来分析论证当前和今后之所需，实事求是确定其面积。

建筑面积测算结果是否列出分类说明，评审应采用综合指标对比检验是否适合。在实际工作中，往往出现"建筑规模过大"和"建设标准过高"问题，而"规模大小"和"标准高低"都是相对的，一是必须有个评价标准，才能以理服人。这个标准即是各类公益性项目对口的主管部门，如文化和旅游部、教育部、卫健委、体育总局等会同国家发展和改革委员会、住房和城乡建设部制定的有关规定、指标体系。二是掌握好标准，要处理好现实条件与前瞻性之间的辩证关系。各类项目虽属同一类别，但其间还是有差别，不能用一个标准，至少有上限、下限之别。三是项目各自有不同具体情况，如使用要求、周围环境等。因此，要"适度"掌握标准，必须各有关方面本着实事求是态度，分析项目实际情况，共同商量。"适度"就应该是因地制宜，区别对待，该高则高，可低则低，充分结合当前国情，贯彻国家政策和考虑国家、地区的整体经济水平。

3.3.2.4 建设方案的评审

评审可行性研究报告是否根据立项批准的项目建设总目标、功能定位，经认真测算建筑面积并提出建设方案。建设方案包括工艺方案、总体规划方案、建筑结构方案、各公用专业方案等。

（1）总平面布局的评审要点。

① 是否符合有关主管部门提出的控制指标，例如总建筑面积、建筑控制高度、容积率、绿化率、机动车车位数、自行车车位数、主要出入口。

② 是否处理好了人流、物流、车流等交通路线的规划布置，以及规划消防车道是否符合消防规范要求。

③ 是否结合地形地貌、周边环境以及项目使用特点、工艺流程要求，合理地布局各功能分区和各子项工程。

④ 如为改扩建工程，是否充分利用原有建筑和设施，是否充分考虑新增和原有室外管线的拆改方案。

（2）建筑结构方案的评审要点。

① 应明确设计指导思想和实用、经济、安全、美观的原则，进行多方案比较。评审可行性研究报告是否已满足使用功能要求，确保结构安全，保护生态环境，与周边氛围协调、节能降耗、节约建设投资为基本立足点。

② 评审设计方案是否符合有关规范规定；是否合理确定建筑结构安全等级、使用年限、抗震设防类别、人防抗力等级等。

③ 评审是否科学处理单体工程功能分区，空间布局，建筑造型以及平、立、剖面之间的关系，减少辅助空间，降低建筑系数，以期获得最佳组合效果。

④ 评审是否针对项目情况，对基础、地上结构方案进行方案比较。如有的高层建筑，由于场地限制、施工周期紧等因素，可对采用钢筋混凝土结构或钢结构进行技术经济分析。

⑤ 对利用原有建筑或购置二手房进行改扩建的项目，评审是否具有房屋结构鉴定书和房屋价位评估报告，并应审核其改扩建方案是否合理利用原有建筑。

（3）公用工程和信息化、智能化系统工程设计方案的评审要点。

① 公用工程含空调暖通、供排水、供电、供热、供气、通讯等工程。

② 评审公用工程设计方案是否包括需用量（水、电、气、热力等）测算及供应方案、系统框架设计和设备选用，是否提出了主要设备清单及其价格。

③ 信息化、智能化系统是现代化建筑的重要组成部分，评审是否根据项目性质、使用特点和需求进行了配置。

3.3.2.5 项目实施方案的评审

在对项目建设方案评审论证的基础上，根据项目性质，对项目的组织实施方案进行评审论证，以保证项目能顺利和有效实施。重点评审以下内容。

（1）项目实施进度计划分析。

（2）项目法人组建及运营组织机构模式评价。

（3）项目人力资源配置方案及人员培训计划评价。

（4）项目实施招投标方案评价；项目实施进度评审，应评审项目建设工期是否科学合理，是否符合项目建设实际需要；评审各阶段工作量所需时间和时序安排衔接是否合理，分析实施进度表（横道图）的制定是否合理。

对于政府直接拨款投资的项目，应重视招标方案评价，应按照《中华人民共和国招投标法》和《中华人民共和国政府采购法》等政策法规要求，重点评审以下内容。

① 需要招标的内容。根据有关规定，全部使用国有资金投资或国有资金投资占控股或占主导地位的项目和重点项目应当公开招标。在项目实施过程中需要进行招标采购的内容，包括工程勘察设计、施工监理服务、工程承包、设备材料供应等，应按照有关规定分析是否存在重大遗漏等。

② 招标方式。评价采取自主组织，还是委托招标代理机构进行公开招标或邀请招标，选用的招标方式是否合理。确定招标方式，应考虑以下因素。

a. 设备材料供应商和承包商的数量。

b. 项目技术、设备和材料及施工有无特殊要求。

c. 项目本身的价值。

d. 时间要求等。

3.3.2.6 总投资估算和资金来源的评审

（1）总投资估算的评审要点。

① 评审总投资估算的组成是否完整、符合规范要求，例如是否应包括土地征用及拆迁安置费、建筑安装工程费用、设备费用、其他费用和预备费用等。

② 评审总投资估算的准确性和合理性，分析论证投资估算依据和采用国家与当地政府颁布的现行标准定额的准确性。分析和论证是否有重复计列和漏项。分析投资估算精度是否能满足控制初步设计总概算的要求。

③ 评审设备单价的确定是否有充分的依据，是否说明供应商的报价或是参照同类工程的实际成本价，尤其对大型、精密设备仪器和采购量大的设备仪器更需进行认真论证。

④ 凡投资额大的费用，如征地拆迁费、绿地补偿费、市政基础设施费的确定，应评审是否具有明确的依据和相关协议文件。

⑤ 针对项目特点和可能发生的问题，是否提出控制项目投资的主要对策，确保总投资控制在政府批准的额度内。

（2）资金筹措方案的评审。

资金筹措方案评审，是政府投资项目可行性研究评审的重要内容，应评价拟建项目采用的政府投入方式的合理性。对于资金来源可靠性的评价，主要应评价能否按项目所需投资得到足额、及时的资金供应，即评价政府出资、地方政府配套投资、项目法人单位自筹资金等各类投入资金在币种、数量和时间安排上能否满足项目建设需要。中央及地方政府配套政府投资，应通过分析项目是否符合政府投资的支持要求，是否纳入本年度政府投资计划等，分析其可靠性。除政府拨款外，自筹部分应说明来源、数量和可靠性，必要时提供相关证明材料。

3.3.2.7 社会效益分析

政府财政拨款投资项目具有较强的社会发展目标，涉及扶贫、区域综合开发、文化教育、体育、公共卫生等，应重点评审社会影响分析和评价，是否在社会调查的基础上识别关键利益相关者,分析主要利益相关者的需求、对项目的支持意愿、目标人群对项目内容的认可和接受程度;评价投资项目的社会影响,并在确认有负面影响的情况下,阐明需要解决的社会问题及解决方法,提出减轻负面社会影响的对策措施。

3.3.3 审批流程

3.3.3.1 项目申报单位需提交材料

(1)要求批复项目可行性研究报告的申请文件。

(2)符合资质要求的咨询设计机构编制的可行性研究报告。

(3)项目建议书批复文件。

(4)项目法人组建方案。

(5)城市规划、土地使用、资源利用、环境保护、安全生产监管、质量技术监督、卫生、消防、地震、林业、水利、气象等涉及部门的审查意见。

(6)建设资金筹措方案、资本金出资证明和银行承贷意见。

(7)根据有关法律法规应提交的其他文件。

3.3.3.2 办理程序和时限

(1)提交的材料不齐全或者不符合要求的,发改委办事服务窗口当场或在3个工作日内一次书面告知申报单位需补正的全部内容。

(2)在受理可行性研究报告审批申请后,如有必要,在5个工作日内,发改委托符合资质要求的咨询中介机构进行评估。

在进行审批或初审审查时,如涉及其他行业主管部门的职能,要征求相关部门的意见(7个工作日内完成);对于可能会对公众利益造成重大影响的项目,将采取适当的方式征求公众意见;对于特别重大的项目,还要组织专家评议,可行性研究报告编制单位根据专家意见完善报告。

(3)属市级权限的自受理项目申请之日起20个工作日内,做出对项目可行性研究报告是否批复的决定;属国家、自治区权限的15个工作日内,向上级审批机关提出审核意见上报。因特殊原因确实难以在上述规定的期限内做出批复决定或提出审核意见上报的,经发改委负责人批准,可以延长7个工作日,并及时书面通知项目申报单位,说明延期理由。发改委委托咨询评估、征求公众意见和进行专家评议的,所需时间不计算在规定的期限内。可行性研究报告批复文件有效期2年,自发布之日起计算。

第4章 环境资源可持续评价

本章主要介绍项目的环境评价,包括建设项目环评与安全预评价、建设场地地质灾害危险性评价报告、地质环境条件评价报告、环境影响评价报告等。

4.1 建设项目环评与安全预评价

4.1.1 项目环境影响评价概念

环境影响评价是对拟议中的建设项目、区域开发计划和国家政策实施后可能对环境产生的影响进行的系统性识别、预测和评估。环境影响评价其目的是评价报告可以帮助决策者做出正确的选择,以使开发项目对环境资源的影响产生最小的影响,而不至于减损自然系统的生产力。

环境影响评价的过程按顺序进行,包括一系列的步骤。环境影响评价应该是一个补充和循环的过程,这是由于在各个步骤之间存在着反馈机制和相互作用。在实际工作中,环境影响评价的各步骤的顺序可变化,而且工作过程也可以不同。

一种理想的环境影响评价过程,应该能够满足以下条件:

① 生成清楚的环境影响报告书,以使专家和非专家都能了解可能的影响特征及其重要性。

② 基本上适应于所有可能对环境造成显著影响的项目,并能够对所有可能的显著影响做出识别和评估。

③ 对各种替代方案(包括项目不建设或地区不开发的情况)、管理技术、减缓措施进行比较。

④ 及时、清晰的结论以便为决策提供信息。

⑤ 包括广泛的公众参与和严格的行政审查程序。

环境影响评价主体可以是建设单位、受托的环评单位、环保行政部门,但必须获得国家或地方环境保护行政机构认可的环境影响评价资格证书。我国《建设项目环境保护管理条例》规定:"建设项目对环境可能造成重大影响的,应当编制环境影响报告书,对建设项目产生的污染和对环境的影响进行全面、详细的评价。"一般来说,环境影响评价工作要生成环境影响报告书。建设单位是建设项目环境影响评价的责任主体,其要对建设项目实施后可能造成的环境影响进行分析、预测,并进行评估,据此提出并落实预防或者减轻不良环境影响的对策和措施。

4.1.2 项目环境影响评价的要求

4.1.2.1 国家生态环境部关于建设项目的环境影响报告书的编制要求

对建设项目进行环境影响评价的目的是从经济效益与环境效益出发,对建设项目进行综合的、卓有成效的可行性研究,从而达到合理开发资源、保护自然环境。而环境影响报告书是评价工作的具体成果。在环境影响评价工作中,应从工程与环境相互影响的关系中,论证其项目建成之后,可能对自然、社会、经济、生活环境造成的近期和远期、直接与间接的影响,提出实施最佳方案的可能性,使之达到布局合理,既可获得最大的经济效益,又将其对自然环境的有害影响得到有效的控制,使影响的范围与程度尽可能地缩小。

评价书的内容一般包括以下几个方面。

(1)总论:编制依据,采用标准,评价大纲及其审查意见,项目建议书的审批意见,评价委托书(合同)或任务书等。

(2)概况:项目性质,选择厂址方案意见,建设规模,原材料用量、来源、组成成分,公用设施,占地面积,工艺水平及流程,近远期发展规划,有害物质排放的方式、影响范围及数量。

(3)对周围环境影响的分析和预测。分析并预测项目建设过程、投产、服务期满各个阶段对自然生态、社会、经济等方面产生的影响。

(4)周围环境现状调查(影响区域)、类比调查,必要的测试,并收集现有的地质、气象、地貌、土壤、水文(地表和地下)、动植物、天然矿产资源、交通、文化及社会经济等各类污染源现状资料。

(5)项目建设对环境最终产生的影响和损失的预测分析,可能采取的补救与替代方案以及对环境影响的范围、深度。

(6)拟采取的环境保护措施效益分析,对策的综合分析,环境保护设施投资估算等。

(7)环境影响评价的结论。结论应力求简明扼要,对环境质量的影响,建设规模、选址是否合理,是否符合环保要求,所采取的措施在技术上是否可行,经济上是否合理,是否需要再做进一步的深入评价等,做出科学的评估。

(8)对环境影响经济损益分析(经济、社会、环境三者定性、定量分析)。

(9)建立环境监测制度,提出监测布点原则,项目建成投产后对其进行实测,积累资料。

(10)存在的问题及建议。

4.1.2.2 环境影响预测的方法

关于环境要素与环境过程变化的预测方法，比较常用的有以下三种。

（1）定量分析方法。定量分析法是把环境影响评价中环境要素或环境过程的变化规律用不同的数学形式表示出来，得到反映这些规律的数学模型。如投入产出模型，结构模型解析法，数理统计的回归分析方法，微分模型法，模糊数学方法等。

（2）定性分析法。定性分析法是指根据经验及各种资料，对建设项目可能引起的环境要素及环境过程变化的性质及程度做出预测的方法。

（3）类比方法。此法是利用与建设项目所在地区环境特点相类似的其他地区的资料作为对比，说明该建设项目的环境影响。该方法是目前在我国环境影响评价中普遍采用的方法之一。

环境模拟是进行环境影响预测的技术基础，几年来广泛运用风洞模拟、水团追踪实验以及室内土柱淋浴模拟实验等技术，并不断再开拓新的试验研究方法，以提高环境影响预测的可靠性。

环境经济损益分析在环境影响评价中的应用还处在探索阶段，仅在少数环境影响评价项目中做了尝试，它是环境影响评价由环境影响预测过渡到环境决策的重要环节，亟待发展与推广。

4.1.2.3 环境影响的评价方法

（1）环境影响的综合评价。在进行环境影响的综合评价时，应首先对各环境要素进行评价，然后实行合理加权，即得到综合评价的意见。

（2）对预测的环境影响进行评价。对预测的环境影响进行评价的关键是根据地方环境功能确定地方性环境标准，将预测结果与该标准进行比较，做出评价。通常是根据对单项环境要素的预测结果进行评价，在必要时应对建设项目的综合影响进行评价。

（3）环境决策方法。由于建设项目的环境影响评价是一个复杂的环境系统工程，所需用的评价对策很多，目前较多采用层级分析法。层次分析法是于20世纪80年代初提出的一种有效的决策方法。该分析法是指将一个复杂的多目标决策问题作为一个系统，将目标分解为多个目标或准则，进而分解为多指标（或准则、约束）的若干层次，通过定性指标模糊量化方法算出层次单排序（权数）和总排序，以作为目标（多指标）、多方案优化决策的系统方法。

从上述对建设项目环境评价理解的基础上对其基本特点归纳为以下几个方面：

① 预测性。这种评价其特殊的一点就在于：对拟议建设的具体项目在立项等各个阶段可能对当前、未来的生态环境造成的何种影响进行预测。这种评价不是一种"说明书"，它不是停留在当前的生态环境状况下对环境情况进行说明，而是对生态环境进行一定前瞻性和预断性的论证。

② 环评客观性。虽然建设项目环评的评价结果是一种预测性结果，这并不意味着此种评价结果就是主观臆造的，而是通过"实地考察"，以此为基础再通过综合分析各种因素，囊括了一切环境、经济、社会等因素，进而做出的科学合理评价。

③ 环评活动的专业性。由于建设项目环评工作的"特殊"，要求从事这种工作的人员经过严格的、专业的培训，方能从事此项工作，从事这种工作的资格不具有随意性。且工作人员必备的专业知识涉及的领域甚为广阔，不局限于某一学科，如生态学、环境科学、法学的

综合应用等等。

④ 环评活动的可行性。可行性必须建立在现有科学技术条件与未来可能达到的科技层面上。建设项目环评的第一要义就是将环境保护的需要纳入到经济社会可持续发展的计划、决策和实施的各个环节之上，这就要求得出的环评结论必须全面客观并且具有相当的可行性。

⑤ 环评强制性。国家通过立法活动，对建设项目环评的范围、对象、内容与程序进行规范和确认，从而使得此种活动便获得了法律所具有的强制属性。因此，只要是纳入法定范围内的所有行为，就均须予以评价，否则便需没有予以评价的行为实施主体来承担其行为造成的不利的法律后果。

4.1.3 项目环境影响评价的作用

环境影响评价是强化环境管理的有效手段，是一项技术，对确定经济发展方向和保护环境等一系列重大决策都有重要作用。具体表现在以下四个方面：

（1）指导环境保护措施的设计、强化环境管理。开发建设活动和生产活动要消耗一定的资源，会给环境带来污染与破坏，因此必须采取相应的环境保护措施。环境影响评价是针对具体的开发建设活动或生产活动，并综合考虑开发活动特征和环境特征，通过对污染治理设施的技术、经济和环境论证，得到相对最合理的环境保护对策和措施，把因人类活动而产生的环境污染或生态破坏限制在最小范围。

（2）保证建设项目选址和布局的合理性。合理的项目布局是保证环境与经济持续发展的前提条件，而不合理的布局则是造成环境污染的重要原因。环境影响评价是从建设项目所在地区的整体出发，考察建设项目的不同选址和布局对区域整体的不同影响，并进行比较和取舍，选择最有利的方案。

（3）促进相关环境科学技术的发展。环境影响评价涉及自然科学和社会科学的广泛领域，包括基础理论研究和应用技术开发。环境影响评价工作中遇到的问题，必然是对相关环境科学技术的挑战，进而推动相关环境科学技术的发展。

（4）为区域的社会经济发展提供导向。环境影响评价可以通过对区域的自然条件、资源条件、社会条件和经济发展状况等进行综合分析，掌握该地区的资源、环境和社会承受能力等状况，从而对该地区发展方向、发展规模、产业结构和产业布局等作出科学的决策和规划，以指导区域活动。

4.1.4 项目环境影响评价的工作程序

目前在世界范围内没有统一的环境影响评价制度、评价程序。本节在论述环境影响评价程序所遵循的共同原则的基础上，将重点介绍符合这些基本原则的中国环境影响评价的管理程序和工作程序。

4.1.4.1 环境影响评价程序的基本概念

环境影响评价程序是指按一定的顺序或步骤指导完成环境影响评价工作的过程。其程序可分为工作程序和管理程序，经常用流程图来表示。前者用于指导环境影响评价的工作内容和进程，后者主要用于指导环境影响评价的监督与管理。

环境影响评价的根本目的是为了鼓励在规定和决策中考虑环境因素，并最终达到更具环境相容性的人类活动。因此，在进行环境影响评价时必须遵循如下九个基本原则：

（1）目的性原则：区域环境有其特定的结构和功能。特定的功能要求其有特定的环境目标，因此进行任何形式的环境影响评价都必须有明确的目的性，并根据其目的性确定环境影响评价的内容和任务。

（2）相关性原则：在环境影响评价中应考虑到人类生态系统中各子系统之间的联系，研究同一层次子系统间的关系及不同层次各子系统之间的关系。研究各子系统间关联的性质、联系的方式及联系的紧密程度，从而判别环境影响的传递性。

（3）整体性原则：在环境影响评价中应该注意各种政策及项目建设对区域人类生态系统的整体影响。在分别进行了对各环境要素的影响预测之后，应该着重分析综合，全面地估算整个区域环境可能受到的整体影响，以便对各种建议或替代方案进行比较和选择。

（4）动态性原则：各种政策和项目建设的环境影响是一个不断变化的动态过程，在环境影响评价中必须研究其历史过程，研究在不同层次、不同时段、不同阶段的环境影响特征，并分析和区分直接和间接影响、短期和长期影响、可逆和不可逆影响，同时注意影响的叠加性和累积性特点。

（5）主导性原则：在环境影响评价中必须抓住各种政策或项目建议可能引起的环境问题。针对不同的评价对象，环境影响评价表现差别的性质和特征，可用模式对该系统进行描述，找出支配环境影响评价系统主要行为的变量。

（6）均衡性原则：环境系统的各子系统和各要素之间既相互联系又相互独立，各自表现出独特的属性。根据系统论中著名的"木桶原理"，在环境影响评价中重视整体效应和相关性的同时，还要充分注意各子系统和要素之间的协调和均衡，并且要特别关注某些具有"阈值效应"的要素，所以在环境影响评价中环境影响的预测和综合评价不应该掩盖或忽视某些关键环境要素所受到的压力。

（7）社会经济性原则：环境信息的处理和表达除了要使用物理数据（如浓度和数量）之外，更主要的是应该解释和说明这些数据的社会经济含义，以此来实现环境、经济、社会三者之间的比较和权衡，使环境影响评价能够真正促进综合决策，发挥正常的功能。

（8）公众参与原则：环境影响评价的过程要公开、公正、透明。公众有权了解环境影响评价的相关信息。

（9）随机性原则：环境影响评价是个涉及多因素、复杂多变的随机系统，各种政策和项目建设在实施过程中可能引起各种随机事件，有些会带来严重的环境后果，为了避免严重公害事件的形成和产生，必须根据实际情况，随时增加必要的研究内容，特别是应增加环境风险评价的研究。

上述原则在环境影响评价的管理中具有普遍的指导意义。

4.1.4.2 环境影响评价的管理程序

（1）环境影响评价项目的监督管理。

① 评价大纲的审查评价。大纲是环境影响报告书的总体设计，应在开展评价工作之前编制。评价大纲由建设单位向负责审批的环境保护部门申报，并抄送行业主管部门。环境保护部门根据情况确定评审方式，提出审查意见。在下列任一种情况下应编制环境影响评价工作实施方案，以作为评价大纲的必要补充：建设项目特别重要或环境问题特别严重；若所编

大纲不够具体，则对评价工作的指导作用不足；环境状况十分敏感，评价单位在实施中必须把审查意见列为大纲内容。

② 环境影响评价是一项具有高度综合性的工作，涉及包括自然环境和社会环境在内的各个方面。因此，需要自然与社会科学专家们的共同努力才能对整个区域做出整体的和综合的环境影响评价。承担建设项目环境影响评价工作的单位，必须持有"建设项目环境影响评价资格证书"，按照证书中规定的范围开展环境影响评价，并对评价结论负责。

③ 环境影响评价的质量管理。环境影响评价项目一经确定，承担单位的项目负责人组织有关人员编写评价大纲，明确其目标和任务。同时还要编制其参数测定、监测分析、室内模拟、野外实验、数据处理、模式验证、仪器刻度校验等在内的质保大纲。承担单位的质量保证部门要对质保大纲进行审查，对其具体内容与执行情况进行检查，把好环境影响报告书和各环节质量关。

④ 环境影响评价报告书的审批，各级主管部门和环保部门在审批环境影响评价报告书时应贯彻下述5项原则：审查该项目是否贯彻了"预防为主""谁污染谁治理、谁开发谁保护、谁利用谁补偿"的原则；审查该项目的技术政策与装备政策是否符合国家规定；审查该项目是否符合城市环境功能区划和城市总体发展规划；审查该项目是否符合经济效益、社会效益和环境效益相统一的原则；审查该项目环境评价过程中是否贯彻了"在污染控制上从单一浓度控制逐步过渡到总量控制"。

环境影响评价报告书的审查方式是专家评审会还是其他形式，审查以技术审查为基础，由负责审批的环境保护行政主管部门根据具体情况而定。

环境影响评价管理程序是管理部门的监督手段，是保证环境影响评价工作顺利进行和实施的管理程序。

（2）环境影响分类筛选。新建或扩建工程，要根据《建设项目环境影响评价分类管理名录》，确定应编制环境影响报告书、环境影响报告表或填报环境影响登记表。

① 编写环境影响报告书的项目：新建或扩建工程对环境可能造成重大的不利影响，这些影响可能是不可逆的、敏感的、综合的或以往尚未有过的，这类项目需要编写全面的环境影响报告书。

② 编写环境影响报告表的项目：新建或扩建工程对环境可能产生有限的不利影响，这些影响是较小的，或者减缓影响的补救措施是很容易找到的，通过规定控制或补救措施可以减缓对环境的影响。这类项目可直接编写环境影响报告表，对其中个别环境要素或污染因子需要进一步分析的可附单项环境影响专题报告。

③ 填报环境影响登记表的项目：对环境不会产生不利影响或影响极小的建设项目，只填报环境影响登记表。国家环保总局根据分类原则确定评价类别，如需要进行环境影响评价，则由建设单位委托有相应评价资格证书的单位来承担。

建设项目环境影响评价分类管理，体现了管理的科学性，既保证批准建设的新项目不对环境产生重大不利影响，又加快了项目前期工作进度，简化了手续，促进经济建设。

（3）环境影响评价的工作程序。

① 环境影响评价工作的三个阶段。

准备阶段：主要工作为研究有关文件，进行初步的工程分析和环境现状调查，筛选重点评价项目，确定各单项环境影响评价的工作等级，编制评价工作大纲。

正式工作阶段：其主要工作为工程分析和环境现状调查，并进行环境影响预测和环境影响评价。

报告书编制阶段：其主要工作为汇总、分析第二阶段工作所得到的各种数据、资料，得出结论，完成环境影响报告书的编制。

如通过环境影响评价对新选厂址的评价为应重新进行，即对原选厂址给出否定结论；如需进行多个厂址的优选，则应对各个厂址分别进行预测和评价。

② 环境影响评价工作等级的确定。评价工作的等级，是指需要编制环境影响评价和各专题工作深度的划分。各单项环境影响评价划分为三个工作等级，一级评价最详细，二级次之，三级较简略。各单项影响评价工作等级划分的详细规定，可参阅相应导则。工作等级的划分依据如下：

项目所在地区的环境特征（自然环境特点、环境敏感程度、环境质量现状及社会经济状况等）；建设项目的工程特点（工程性质、工程规模、能源和资源的使用量及类型等）；国家或地方政府所颁布的有关法规（包括环境质量标准和污染物排放标准）。

对于某一具体建设项目，在划分评价项目的工作等级时，根据建设项目所在地区的环境特征、环境的影响或当地对环境的特殊要求情况可作适当调整。

③ 环境影响评价大纲的编写。环境影响评价大纲是具体指导环境影响评价的技术文件，也是检查报告书内容和质量的主要判据，是环境影响评价报告书的总体设计和行动指南。评价大纲应在开展评价工作之前编制。该大纲应在充分研读有关文件、进行初步的工程分析和环境现状调查后形成。评价大纲一般包括以下内容：

a. 总则：包括评价任务的由来，编制依据，控制污染和保护环境的目标，采用的评价标准，评价项目及其工作等级和重点等。

b. 建设项目概况。

c. 建设项目工程分析的内容与方法。

d. 拟建项目地区环境简介。

e. 环境影响预测与评价建设项目的环境影响，包括预测方法、内容、范围、时段及有关参数的估值方法，对于环境影响综合评价，应说明拟采用的评价方法。

f. 环境现状调查：根据已确定的各评价项目工作等级、环境特点和影响预测的需要，尽量详细地说明调查参数、调查范围及调查的方法、时间、地点、次数等。

g. 评价工作组织、计划安排。

h. 评价工作成果清单：包括拟提出的结论和建议的内容。

i. 经费概算。

④ 区域环境质量现状调查和评价。环境现状调查是各评价项目和专题共有的工作，虽然各专题所要求的调查内容不同，但其调查目的都是为了掌握环境质量现状或本底，为环境影响预测、评价和累积效应分析以及投产运行进行环境管理提供基础数据。因此，调查工作应符合下列要求：

a. 环境现状调查的方法。调查的方法主要有：现场调查法、搜集资料法和遥感法。通常这三种方法的互相补充、有机结合是最有效和可行的。

b. 环境现状调查的一般原则。根据建设项目所在地区的环境特点，结合各单项评价的工作等级，确定各环境要素的现状调查的范围，筛选出应调查的有关参数。原则上调查范围应大于评价区域,特别是对评价区域边界以外的附近区域,若遇有重要的污染源时,调查范围应适当。环境现状调查应首先搜集现有资料,经过认真分析筛选,择取可用部分。若这些资料仍不能满足需要时,再进行现场调查或测试。环境现状调查中,对与评价项目有密切关系的部分应全面、详细,尽量做到定量化;对一般自然和社会环境的调查,若不能用定量数据表达时,应做出详细说明,内容也可适当调整。

4.2 建设场地地质灾害危险性评价报告

4.2.1 报告前言部分

4.2.1.1 任务由来

任务由来主要介绍建设项目名称、业主、项目来源、项目批复文件(批复部门、批复文号,并附文件复印件)、评估工作委托关系、评估合同的签订。

4.2.1.2 评估工作的依据

(1)执行的政策依据和技术标准。
①《中华人民共和国环境保护法》。
②《中华人民共和国环境影响评价法》。
③《建设项目环境影响评价分类管理名录》等。
以上技术规范、规程,应根据建设工程类型对口选用。

(2)任务和要求。通过对评价区域地质灾害调查和资料的综合研究,查清评估范围内的地质环境条件及地质灾害类型、分布、规模,对工程建设可能遭受地质灾害的危险性进行评估;分析评价工程建设与运营对地质环境的影响,对可能诱发或加剧的地质灾害和危险性作出预测及综合评估;提出应采取的防治措施和进行场地适宜性评价,为工程建设项目的规范和决策提供依据。

4.2.2 评估工作概述

4.2.2.1 工程和规划概况与征地范围

(1)明确拟建工程所处或跨越地理范围、地理坐标和行政区域,概述区域内交通情况和社会经济条件(线状工程为沿线社会经济条件内容)。

(2)概述拟建工程性质、类型、工程规模、单项构成及配置情况,建设投资和工期,附拟建工程平面布置图,根据各行业标准确定拟建工程类型(附件:工程设计行业划分及各行业建设项目设计规模划分),建设项目重要性按建设项目重要性分类表分类,见表4-1、表4-2。

表4-1 建设项目重要性分类表

项目类型	项目类别
重要建设项目	开发区建设、城镇新区建设、放射性设施、军事设施、核电、二级(含)以上公路、铁路、机场、大型水利工程、电力工程、港口码头、矿山、集中供水水源地、工业建筑、民用建筑、垃圾处理场、水处理厂等

续表

项目类型	项目类别
较重要建设项目	新建村庄、三级（含）以下公路、中型水利工程、电力工程、港口码头、矿山、集中供水水源地、工业建筑、民用建筑、垃圾处理场、水处理厂等
一般建设项目	小型水利工程、电力工程、港口码头、矿山、集中供水水源地、工业建筑、民用建筑、垃圾处理场、水处理厂等

表 4-2　工业和民用建设项目重要性分类表

项目类别	重要建设项目	较重要建设项目	一般建设项目
城镇建设、地产开发	开发区和城镇新区建设，占地面积大于 20 公顷的城镇旧区改造	5 公顷＜占地面积≤20 公顷的民用建筑和城镇旧区改造，新建村庄	占地面积小于 5 公顷的民用建筑，建筑物高度小于 8 层
学校	在校师生 10000 人以上或占地面积大于 20 公顷	在校师生 1000 人以上 10000 人以下或占地面积 5～20 公顷	在校师生 1000 人以下或占地面积小于 5 公顷
民航工程	机场	导航台站	维修保障工程
港口、码头	年吞吐量 100 万吨以上，客运国际港	年吞吐量 10 万～100 万吨	年吞吐量 10 万吨以下
医院、疗养院	床位 3000 张以上	床位 500～3000 张	床位 500 张以下
体育场馆	容纳 5 万人以上	容纳 0.5 万～5 万人	容纳 5 千人以下

（3）明确征地位置、所属县、镇（乡）、村办事处；明确征地范围及面积，面积单位一般为亩、公顷或平方千米；拟建工程各单项工程的占地分配及占地面积、占用土地类别。

4.2.2.2　以往工作程度

对工程建设项目所处区域内开展过的地质、工程地质、水文地质、环境地质、环境评价、水土保持、项目可行性研究等工作进行概述，明确工作实施单位和年代。

4.2.2.3　工作方法及完成工作量

（1）评估工作组织实施。

（2）工作方法。包括现场调查、试验、收集资料综合分析研究。

① 现场调查：主要采用穿越和追踪法，须出具原始卡片记录和调查路线实测等原始资料，报告中应反映现场调查的点、线密度。

② 收集资料：列出所收集利用资料目录（明确编著单位及时间）。

（3）实物工作量及工作安排。简述工作人员、各工作时段，用实物工作量表反映实物工作量（调查面积、各类调查点、调查线路长、照片等）。

4.2.2.4　评估范围与级别的确定

（1）评估范围的确定。原则以地质灾害发育和影响范围确定。报告中应根据建设项目实际，明确评估范围的确定原则，须考虑地质灾害对建设项目的可能影响范围，建设项目引发地质灾害对周围影响的可能范围。

① 一般建设工程，评估范围以征地范围适度放宽，一般 50～100 m，边坡地段的第一

斜坡为界。

② 水利水电工程以局部分水岭或一级分水岭为界；隧道等地下工程部分，以轴线外延 500～1000 m，进出口部分以第一斜坡为界。

③ 线状工程原则上向两侧扩展 500～1000 m；地质灾害发育部位，须包含完整的地质灾害体（系统），并适度外延，如泥石流，须包含泥石流形成区、堆积区。

④ 垃圾处理厂评估范围要以流域范围和可能污染范围确定。

⑤ 崩塌、滑坡以第一斜坡，泥石流以完整的沟道流域面积，地面沉降和地面塌陷以沉陷可能影响范围，地裂缝以可能延展、影响范围为评估范围。

⑥ 项目区处于强震区时，评估范围应尽可能包含邻近活动断裂的特殊构造部位（断裂交汇、折曲、陡崖等）。

⑦ 明确评估面积，面积单位一般为亩、公顷或平方千米。

（2）评估级别的确定。评估级别依据建设项目重要性和地质环境条件复杂程度综合确定，见表 4-3～表 4-5。表中未列建设项目的类型及重要性按相应行业技术标准确定。建设项目重要性分为重要、较重要、一般，地质环境条件复杂程度分为复杂、中等、简单。地震基本烈度 8 度以上区域，地质环境条件应确定为复杂。

表 4-3 建设用地地质灾害危险性评估分级表

项目类别	复杂	中等	简单
重要建设项目	一级	一级	一级
较重要建设项目	一级	二级	三级
一般建设项目	二级	三级	三级

表 4-4 地质环境条件复杂程度分类表一

复杂	中等	简单
1. 地质灾害发育强烈	1. 地质灾害发育中等	1. 地质灾害一般不发育
2. 地形与地貌类型复杂	2. 地形较简单，地貌类型单一	2. 地形简单，地貌类型单一
3. 地质构造复杂，岩性岩相变化大，岩土体工程地质性质不良	3. 地质构造较复杂，岩性岩相不稳定，岩土体工程地质性质较差	3. 地质构造简单，岩性单一，岩土体工程地质性质良好
4. 工程、水文地质条件不良	4. 工程、水文地质条件较差	4. 工程、水文地质条件良好
5. 破坏地质环境的人类工程活动强烈	5. 破坏地质环境的人类工程活动较强烈	5. 破坏地质环境的人类工程活动一般

表 4-5 地质环境条件复杂程度分类表二

复杂	中等	简单
1. 地质灾害发育强烈：现状地质灾害数量和种类多，或地质灾害规模达到大型	1. 地质灾害发育中等：现状地质灾害较单一，数量少，规模为中小型	1. 地质灾害一般不发育：一般无现状地质灾害存在，个别地质灾害规模小
2. 地形地貌复杂：大起伏的山地；地形坡度以大于 25° 的为主，区内相对高差大于 500 m	2. 地形较简单，地貌类型单一：中小起伏的山地；地形坡度以 8°～25° 的为主，区内相对高差 100～500 m	2. 地形简单，地貌类型单一：盆地和丘陵；地形坡度 <8°，区内相对高差 <100 m

续表

复杂	中等	简单
3.地质构造复杂：位于深大断裂和断裂复合带内，或存在控制性活动断裂，历史地震为8度以上影响区	3.地质构造较复杂：位于大型断裂带内，或存在活动断裂，历史地震为7度影响区	3.地质构造简单：断裂活动一般，不存在活动断裂，历史地震为小于7度影响区
4.岩土体工程性质不良：岩土体性质差，工程建设极易诱发地质灾害	4.岩土体工程性质较差：存在对工程有影响的特殊土，如昆明盆地南片、蒙自盆地中北部	4.岩土体工程性质良好：不存在影响工程建设的岩土体
5.工程地质、水文地质条件复杂	5.工程地质、水文地质条件中等	5.工程地质、水文地质条件简单
6.破坏地质环境的人类工程活动强烈。主要表现在采矿、水电建设、道路建设	6.破坏地质环境的人类工程活动较强烈	6.破坏地质环境的人类工程活动一般

4.3 地质环境条件评价报告

4.3.1 气象水文

（1）气象。包括所属气候带区，降水量（年均量，年最大、最小量，日、月、时极端值等），气温（年平均，年最大、最小值），蒸发量（年平均，年最大、最小量），枯、雨季时段，降水量比例，降水量程度评述，对当地暴雨、点降雨情况进行描述，选择适宜图表表示（动态特征表、降雨量一览表、降雨量等值线图等）。

（2）水文。包括所属水系、流域，地表水类型、流域内水系发育的基本特征，河流、溪沟水文特征值（流域面积、河流流量、水位、泥沙含量、地表水动态变化规律），与地表水相关密切的建设工程须有水系图。

4.3.2 地形地貌

（1）阐述地貌类型、地形标高、高差、地势特征、坡度变化特征（总体地形坡度和特殊地段地形坡度）、微地貌（冲沟、坳沟、谷地、陡崖）发育特征等，一、二级评估地貌需分级分区描述，一级评估插地貌分区图，二、三级评估视情况决定。

（2）植被应描述植被类型、分布、森林覆盖程度、植被覆盖率及植被与高程、气候、岩性的关系和在空间上的分布特征，但植被不列为地质环境条件的主要内容，可依实际情况决定描述与否。

4.3.3 地层岩性

（1）描述评估区内所发育地层的时代、岩性和分布情况，明确地层结构、地层产状、厚度，可列表描述。

（2）对一级、二级评估，区域规划项目，需描述区域地层岩性及分布特征。

4.3.4 地质构造与区域地壳稳定性

（1）描述区域构造体系、构造形迹特征，对活动断裂、主要断裂、褶皱的发育规律、性质、产状、断裂特征等，需逐一描述，附构造纲要图；也可以构造形迹一览表表述。

（2）明确所处构造部位与附近构造形迹关系，对发育于区内及附近的各类地质构造（断裂、褶皱）的空间分布、性质等特征逐一描述。

（3）区域稳定性表述内容主要为新构造运动和地震。

① 引用既有资料对新构造运动表现特征、规律进行描述，对区域隆起、断陷、活动断裂性质及阶地、温泉等予以概述。

② 地震描述内容：所处地震带、场地及邻近地区地震史（近百余年地震最大震级、本场地地震烈度等），并按现行规范确定抗震设防烈度、动峰值、地震加速度值和分组（水利水电、线状工程须采用《中国地震动参数规划图》确定）。

③ 附区域地壳稳定性区划图或地震分区图，对区域稳定性予以评价。

4.3.5 岩土体工程地质特征

（1）岩土体类型划分，依《岩土工程地质勘察规范》（2009年版）（GB 50021—2001）中内容划分，土体和岩体则以岩石坚硬程度、岩体结构类型划分定名，如块状结构较坚硬岩体等，编号 ⅰ、ⅱ、ⅲ、ⅳ（亚类注脚码 1、2、3）。

（2）按岩土体类型逐一定性、定量描述其工程地质特征，附岩土工程地质特征表。

（3）对软弱结构面（体）的发育部位、特征、与地质灾害发育的关系进行描述。

（4）对除碳酸盐岩外的其余岩层，尤其是玄武岩、花岗岩、变质岩类的风化特征等的描述。

4.3.6 水文地质条件

（1）地下水类型（孔隙水、裂隙水、岩溶水）及分布特征。

（2）按地下水类型逐一定性、定量描述其富水性、透水性、水位埋深等。

（3）各类型地下水的补、排条件。

（4）地下水位动态变化特征。

（5）地下水与地质灾害的关系，控制作用的评述。

（6）对于岩溶水：需描述其岩溶发育规律，岩溶类型（溶洞、溶沟、溶槽、漏斗、落水洞、峰丛、残丘等），溶蚀程度、规模及发育特征，出具勘察资料时，需确定岩溶发育深度和地下岩溶发育特征。

4.3.7 人类工程活动的影响

（1）介绍人类工程活动的类别：开垦，采矿（露天开采、坑道开采），开采地下水，工程建设和其他，人类工程活动的强度。

（2）人类工程活动诱发的生态环境和地质环境问题，如：水土流失，不稳定边坡，地面塌陷，地面沉降等；危害和影响程度。

4.3.8 小结

主要根据上述地形条件、地貌类型、地质构造复杂程度，岩性岩相的稳定程度，岩土工程地质特征及水文地质特征，人类工程活动的强度等，依相关技术要求综合判定地质环境条件复杂程度。一、二级评估单独列节，三级评估可不列节，简要概述；针对线状、水利水电工程、区域（大面积）规划工程和一级评估等对地质环境条件复杂程度进行分区，按相关技术要求分类为复杂、中等、简单，并作为地质灾害分布图的基本图面内容。

4.4 环境影响评价报告

4.4.1 建设项目环境保护的分类管理

国家根据建设项目对环境的影响程度，按照《建设项目环境保护管理条例》的规定对建设项目的环境保护实行分类管理。

（1）建设项目对环境可能造成重大影响的，应当编制环境影响报告书，对建设项目产生的污染和对环境的影响进行全面、详细的评价。

（2）建设项目对环境可能造成轻度影响的，应当编制环境影响报告表，对建设项目产生的污染和对环境的影响进行分析或者专项评价。

（3）建设项目对环境影响很小，不需要进行环境影响评价的，应当填报环境影响登记表，具体分类名录见《建设项目环境影响评价分类管理名录》。

4.4.2 环境影响评价报告书的内容及要求

建设项目环境影响评价报告书一般包括概述、总则、建设项目工程分析、环境现状调查与评价、环境影响预测与评价、环境保护措施及其可行性论证、环境影响经济损益分析、环境管理与监测计划、环境影响评价结论和附录附件等内容。

4.4.2.1 概述

概述可简要说明建设项目的特点、环境影响评价的工作过程、分析判定相关情况、关注的主要环境问题及环境影响、环境影响评价的主要结论等。

4.4.2.2 总则

总则应包括编制依据、评价因子与评价标准、评价工作等级和评价范围、相关规划及环境功能区划、主要环境保护目标等。

（1）环境影响评价等级的划分。按建设项目的特点，所在地区的环境特征，相关法律法规、标准及规划，环境功能区划等划分各环境要素、各专题评价工作等级。具体由环境要素或专题环境影响评价技术导则规定。

（2）环境影响评价范围的确定。指建设项目整体实施后可能对环境造成的影响范围，具体根据环境要素和专题环境影响评价技术导则的要求确定。环境影响评价技术导则中未明确具体评价范围的，根据建设项目可能影响范围确定。

4.4.2.3 建设项目工程分析

建设项目工程分析是环境影响评价中分析项目建设环境内在因素的重要环节，是决定环境影响评价工作质量好坏的关键，是把握项目环境影响特点的重要手段，在建设项目环境影响评价工作中占有举足轻重的地位。

（1）建设项目概况。包括主体工程、辅助工程、公用工程、环保工程、储运工程以及依托工程等。以污染影响为主的建设项目应明确项目组成、建设地点、原辅料、生产工艺、主要生产设备、产品（包括主产品和副产品）方案、平面布置、建设周期、总投资及环境保护投资等。以生态影响为主的建设项目应明确项目组成、建设地点、占地规模、总平面及现场布置、施工方式、施工时序、建设周期和运行方式、总投资及环境保护投资等。改扩建及异地搬迁建设项目还应包括现有工程的基本情况、污染物排放及达标情况、存在的环境保护问题和拟采取的整改方案等内容。

（2）影响因素分析。

① 污染影响因素分析。遵循清洁生产的理念，从工艺的环境友好性、工艺过程的主要产污节点以及末端治理措施的协同性等方面，选择可能对环境产生较大影响的主要因素进行深入分析。绘制包含产污环节的生产工艺流程图；说明污染物产生、排放情况及各种环境影响减缓措施状况。明确项目消耗的原料、辅料、燃料、水资源等种类、构成和数量。对建设阶段和生产运行期间，可能发生突发性事件或事故，引起有毒有害、易燃易爆等物质泄漏，对环境及人身造成影响和损害的建设项目，应开展建设和生产运行过程的风险因素识别。存在较大潜在人群健康风险的建设项目，应开展影响人群健康的潜在环境风险因素识别。

② 生态影响因素分析。包括方式、施工时序、运行方式、调度调节方式等，对生态环境的作用因素、影响源、影响方式、影响范围和影响程度。

（3）污染源源强核算。根据污染物产生环节（包括生产、装卸、储存、运输）、产生方式和治理措施，核算建设项目有组织与无组织、正常工况与非正常工况下的污染物产生和排放强度，给出污染因子及其产生和排放的方式、浓度、数量等。

① 物料衡算法：指根据质量守恒定律，利用物料数量或元素数量在输入端与输出端之间的平衡关系，计算确定污染物单位时间产生量或排放量的方法。

② 类比法：指对比分析在原辅料及燃料成分、产品、工艺、规模、污染控制措施、管理水平等方面具有相同或类似特征的污染源，利用其相关资料，确定污染物浓度、废气量、废水量等相关参数进而核算污染物单位时间产生量或排放量，或者直接确定污染物单位时间产生量或排放量的方法。

③ 实测法：指通过现场测定得到的污染物产生或排放相关数据，进而核算出污染物单位时间产生量或排放量的方法，包括自动监测实测法和手工监测实测法。

④ 产（排）污系数法：指根据不同的原辅料及燃料、产品、工艺、规模，选取相关行业污染源源强核算技术指南给定的产（排）污系数，依据单位时间产品产量计算出污染物产生（排放）量，并结合所采用治理措施情况，核算污染物单位时间排放量的方法。

⑤ 排污系数法：指根据不同的原辅料及燃料、产品、工艺、规模和治理措施，选取相关行业污染源源强核算技术指南给定的排污系数，结合单位时间产品产量直接计算确定污染物单位时间排放量的方法。

⑥ 实验法：指模拟实验确定相关参数，核算污染物单位时间产生量或排放量的方法。各核算方法的适用对象、计算公式、参数意义以及核算要求见各行业指南。

4.4.2.4 环境现状调查与评价

对与建设项目有密切关系的环境要素应全面、详细调查，给出定量的数据并作出分析或评价。对于自然环境的现状调查，可根据建设项目情况进行必要说明。充分收集和利用评价范围内各例行监测点、断面或站位的近三年环境监测资料或背景值调查资料。当现有资料不能满足要求时，应进行现场调查和测试，现状监测和观测网点应根据各环境要素环境影响评价技术导则要求布设，兼顾均布性和代表性原则。符合相关规划环境影响评价结论及审查意见的建设项目，可直接引用符合时效的相关规划环境影响评价的环境调查资料及有关结论。

（1）环境现状调查的方法。环境现状调查方法由环境要素环境影响评价技术导则具体规定，如《环境影响评价技术导则 大气环境》《环境影响评价技术导则 地表水环境》《环境影响评价技术导则 地下水环境》《环境影响评价技术导则 声环境》《环境影响评价技术导则 生态影响》等。

（2）环境现状调查与评价内容。根据环境影响因素识别结果，开展相应的现状调查与评价。

① 自然环境现状调查与评价：包括地形地貌、气候与气象、地质、水文、大气、地表水、地下水、声、生态、土壤、海洋、放射性及辐射（如必要）等调查内容。根据环境要素和专题设置情况选择相应内容进行详细调查。

② 环境保护目标调查：调查评价范围内的环境功能区划和主要的环境敏感区，详细了解环境保护目标的地理位置、服务功能、四至范围、保护对象和保护要求等。

③ 环境质量现状调查与评价：根据建设项目特点、可能产生的环境影响和当地环境特征选择环境要素进行调查与评价。评价区域环境质量现状，说明环境质量的变化趋势，分析区域存在的环境问题及产生的原因。

4.4.2.5 环境影响预测与评价

环境影响预测与评价的时段、内容及方法均应根据工程特点与环境特性、评价工作等级、当地的环境保护要求确定。预测和评价的因子应包括反映建设项目特点的常规污染因子、特征污染因子和生态因子，以及反映区域环境质量状况的主要污染因子、特殊污染因子和生态因子。须考虑环境质量背景与环境影响评价范围内在建项目同类污染物环境影响的叠加。对于环境质量不符合环境功能要求或环境质量改善目标的，应结合区域限期达标规划对环境质量变化进行预测。

（1）环境影响预测与评价方法。预测与评价方法主要有数学模式法、物理模型法、类比调查法等，由各环境要素或专题环境影响评价技术导则具体规定。

① 数学模式法。数学模式法能给出定量的预测结果，但需一定的计算条件和输入必要的参数、数据。选用数学模型时要注意模型的应用条件，如实际情况不能很好满足应用条件要求而又拟采用时，应对模型进行修正并验证。

② 物理模型法。物理模型法定量化程度较高，再现性好，能反映比较复杂的环境特征，但需要有合适的试验条件和必要的基础数据，且制作复杂的环境模型需要较多的人力、物力和时间投入。在无法利用数学模式法预测而又要求预测结果定量精度较高时，应选用此方法。

③ 类比调查法。类比调查法的预测结果属于半定量性质。如由于评价工作要求时间较短等，无法取得足够的参数、数据，不能采用前述两种方法进行预测时，可选用此方法。

（2）环境影响预测与评价内容。应重点预测建设项目生产运行阶段正常工况和非正常工况等情况的环境影响。当建设阶段的大气、地表水、地下水、噪声、振动、生态以及土壤等影响程度较重、影响时间较长时，应进行建设阶段的环境影响预测和评价。可根据工程特点、规模、环境敏感程度、影响特征等选择开展建设项目服务期满后的环境影响预测和评价。当建设项目排放污染物对环境存在累积影响时，应明确累积影响的影响源，分析项目实施可能发生累积影响的条件、方式和途径，预测项目实施时，在时间和空间上重点分析项目建设和生产运行对环境保护目标的影响。对存在环境风险的建设项目，应分析环境风险源项，计算环境风险后果，开展环境风险评价。对存在较大潜在人群健康风险的建设项目，应分析人群主要暴露途径。

4.4.2.6 环境保护措施及其可行性论证

明确提出建设项目建设阶段、生产运行阶段和服务期满后（可根据项目情况选择）拟采取的具体污染防治、生态保护、环境风险防范等环境保护措施；分析论证拟采取措施的技术可行性、经济合理性、长期稳定运行和达标排放的可靠性、满足环境质量改善和排污许可要求的可行性、生态保护和恢复效果的可达性。各类措施的有效性判定应以同类或相同措施的实际运行效果为依据，没有实际运行经验的，可提供工程化实验数据。

环境质量不达标的区域，应采取国内外先进可行的环境保护措施，结合区域限期达标规划及实施情况，分析建设项目实施对区域环境质量改善目标的贡献和影响。给出各项污染防治、生态保护等环境保护措施和环境风险防范措施的具体内容、责任主体、实施时段，估算环境保护投资，明确资金来源。环境保护投资应包括为预防和减缓建设项目不利环境影响而采取的各项环境保护措施和设施的建设费用、运行维护费用，直接为建设项目服务的环境管理与监测费用以及相关科研费用。

4.4.2.7 环境影响经济损益分析

以建设项目实施后的环境影响预测与环境质量现状进行比较，从环境影响的正负两方面，以定性与定量相结合的方式，对建设项目的环境影响后果（包括直接和间接影响、不利和有利影响）进行货币化经济损益核算，估算建设项目环境影响的经济价值。

4.4.2.8 环境管理与监测计划

按建设项目建设阶段、生产运行、服务期满后（可根据项目情况选择）等不同阶段，针对不同工况、不同环境影响和环境风险特征，提出具体环境管理要求。给出污染物排放清单，明确污染物排放的管理要求。提出建立日常环境管理制度、组织机构和环境管理相关要求，明确各项环境保护设施和措施的建设、运行及维护费用保障计划。环境监测计划应包括污染源监测计划和环境质量监测计划，内容包括监测因子、监测网点布设、监测频次、监测数据采集与处理、采样分析方法等，明确自行监测计划内容。

（1）污染源监测包括对污染源（包括废气、废水、噪声、固体废物等）以及各类污染治理设施的运转进行定期或不定期监测，明确在线监测设备的布设和监测因子。

（2）根据建设项目环境影响特征、影响范围和影响程度，结合环境保护目标分布，制定环境质量定点监测或定期跟踪监测方案。

（3）对以生态影响为主的建设项目应提出生态监测方案。

（4）对存在较大潜在人群健康风险的建设项目，应提出环境跟踪监测计划。

4.4.2.9 环境影响评价结论

对建设项目的建设概况、环境质量现状、污染物排放情况、主要环境影响、公众意见采纳情况、环境保护措施、环境影响经济损益分析、环境管理与监测计划等内容进行概括总结，结合环境质量目标要求，明确给出建设项目的环境影响可行性结论。对存在重大环境制约因素、环境影响不可接受或环境风险不可控、环境保护措施经济技术不满足长期稳定达标及生态保护要求、区域环境问题突出且整治计划不落实或不能满足环境质量改善目标的建设项目，应提出环境影响不可行的结论。

4.4.3 环境影响报告表的内容

《建设项目环境影响报告表》（试行）必须由具有环评资质的环评机构填写。其填报内容主要有：建设项目基本情况，建设项目所在地自然环境、社会环境简况，环境质量状况，主要环境保护目标，评价适用标准，工程内容及规模，与本项目有关的原有污染情况及主要环境问题，建设项目工程分析，项目主要污染物产生及预计排放情况，环境影响分析，建设项目拟采取的防治措施及预期治理效果，结论与建议等。需要注意，环境影响报告表如不能说明项目产生的污染及对环境造成的影响，应根据建设项目的特点和当地环境特征，选择1～2项进行专项评价，专项评价按照环境影响评价技术导则中有关要求进行。

4.4.4 环境影响登记表的内容

建设项目环境影响登记表一般由建设单位自行填写，不要求具备环评资质。其填报内容包括四个表：表一为项目基本情况，表二为项目地理位置示意图和平面布置示意图，表三为周围环境概况和工艺流程与污染流程，表四为项目排污情况及环境措施简述。

第5章 项目评估

项目评估是投资项目前期策划的主要工作，是项目投资决策的重要依据。项目决策与项目论证和评估有着非常密切的关系。项目前评估是项目初始决策的前提和基础；项目跟踪评估是对项目实施各种决策的前提和保障；项目后评估是对于项目前评估和项目决策的检验与评价，同时项目后评估还具有总结经验和修订未来项目决策准则和政策，为提高项目评估和项目决策水平提供经验和教训的作用。

本章主要介绍项目评估的任务、原则、分类，规划评估和项目评估的内容，项目评估质量控制和工程咨询机构选择等内容。

5.1 概述

5.1.1 项目评估的概念

项目评估是指在可行性研究的基础上，根据国家有关部门颁布的政策、法规、方法、参数和条例等，从项目（或企业）、国民经济和社会的角度出发，由有关部门（包括银行、中介咨询机构等）对拟建项目建设的必要性、建设条件、生产条件、产品市场需求、工程技术、财务效益、经济效益和社会效益等进行全面分析论证，并就该项目是否可行提出相应职业判断的一项工作。国家政府部门和金融机构也开始在审批项目、提供贷款之前对拟建项目进行评估。

项目评估是工程咨询机构接受政府、企业委托，对相关地区、部门或单位提出的工程项目的项目建议书（初步可行性研究报告）、可行性研究报告、项目申请书、资金申请报告等进行评估论证，权衡各种方案的利弊和风险，提出明确的评估结论和提供咨询意见建议，为决策者进行科学决策提供依据的咨询活动。

项目评估既可以为上级主管部门把关和金融机构贷款决策提供依据，又可以为政府职能部门审批项目提供依据。

5.1.2 项目评估的任务和原则

不同的委托主体，对评估的内容及侧重点的要求有所不同。政府部门委托的评估项目，一般侧重于项目的经济及社会影响评价，分析论证项目对于国家法律、法规、政策、规划等的符合性，资源开发利用的合理性和有效性，是否影响国家安全、经济安全、生态安全和公众利益等；银行等金融机构委托的评估项目，主要侧重于融资主体的清偿能力评价；企业委托的评估项目，重点评估项目本身的盈利能力、资金的流动性和财务风险等。

项目评估应遵循"独立、公正、科学、可靠"的原则。

5.1.3 项目评估的分类

从项目评估内容角度出发，项目评估包括项目规划、项目建议书（初步可行性研究报告）、可行性研究报告、项目申请报告、资金申请报告、PPP实施方案等项目前期咨询成果的咨询评估。规划评估一般是指在国家和地方国民经济及社会发展规划指导下，根据投资管理、投资主体的需要，对与投资决策密切相关的有关规划进行评估。一般分为政府规划评估和企业规划评估两大类。本章仅讨论具体的项目评估内容。

从项目评估委托主体的角度分类，项目评估主要有以下几类。

（1）企业委托的评估：主要是对企业投资项目可行性研究报告进行咨询评估。

（2）金融机构委托的评估：接受金融机构委托，对企业投资项目借款偿还能力及违约风险等进行评估。

（3）项目核准机关委托的评估：主要是对企业投资项目申请书进行评估。

（4）政府投资管理部门委托的咨询评估：主要是对需要履行审批手续的政府直接投资、政府资本金注入项目的项目建议书或可行性研究报告进行评估。

（5）政府委托对资金申请报告的评估：企业投资项目申请政府投资补助、贷款贴息或政府外债资金，地方政府申请上级政府投资补助的资金，政府主管部门接到资金申请报告后，委托工程咨询机构进行咨询评估。

（6）国外贷款项目的评估：借用世界银行、亚洲开发银行、国际农业发展基金会等国际金融组织贷款和外国政府贷款及与贷款混合使用的赠款、联合融资等的投资项目，按照政府投资资金进行管理，委托工程咨询机构进行咨询评估。

（7）外商投资项目的评估：对于外商投资项目，政府对企业提交的项目申请书或备案申请，除从维护经济安全、合理开发利用资源、保护生态环境、优化产业布局、保障公共利益、防止出现垄断等方面进行审核外，还要从市场准入、资本项目管理等方面进行审核，也可以委托工程咨询机构进行咨询评估。

（8）境外投资项目的评估：对于国内投资主体对境外投资项目，政府对企业提交的项目申请书，委托工程咨询机构进行咨询评估。

（9）政府和社会资本合作（PPP）项目的评估：政府部门将PPP项目纳入正常的基本建

设程序。这类项目的决策,一般仍应按照审批制的项目决策程序要求,委托工程咨询机构进行咨询评估。

5.2 评估报告的编制

5.2.1 项目评估报告的编制

5.2.1.1 政府投资项目的咨询评估

建设项目评估的程序如下所述。

(1)准备和组织。对拟建项目评估:首先要确定评估人员,成立评估小组。评估小组的人员结构要合理,一般包括财务人员、市场分析人员、专业技术人员、土木工程人员和其他辅助人员。组成评估小组后,组织评估人员对可行性研究报告进行审查和分析,并提出审查意见。最后,综合各评估人员的审查意见,编写评估报告提纲。

(2)整理数据和编写评估报告初稿。根据评估报告的内容,由评估小组负责人做明确的分工,各自分头工作,包括数据调查、估算、分析以及指标的计算等。数据调查和分析重点在于审查可行性研究报告所提出的问题。评估人员可以与编制可行性研究报告的单位交换意见,也可以与建设单位或主管部门交换意见。在对收集的资料进行整理以后,进行审核与分析。在基本掌握所需要的数据以后即可进入评估报告的编写阶段。在实践中,分析和论证不是一次完成的,可能要经过多次反复才能完成,特别是对一些大型项目或数据不宜取得的项目,这一阶段是评估的关键,一定要充分掌握数据,并力争数据的准确和客观。

(3)论证和修改。编写出项目评估报告的初稿以后,首先要由评估小组成员进行分析和论证,根据所提意见进行修改后方可定稿。有些评估机构,以这一阶段的定稿作为最终的评估报告交与决策部门或金融机构的信贷部门。有些评估机构,在这一阶段的定稿基础上召开专家论证会,由各方面专家再提出修改意见,最后定稿。

5.2.1.2 企业投资项目申请报告的咨询评估

企业投资项目申请报告的核准评估,是指符合要求的工程咨询机构,根据项目核准机关的委托要求,对企业报送的项目申请报告进行评估论证,并编写咨询评估报告,作为项目核准机关决策的重要参考依据。企业投资项目咨询评估报告原则上应对项目是否具备各项核准条件进行全面、系统的分析论证,并提出咨询评估的主要结论、存在的主要问题及对策措施建议。

企业投资项目申请报告的咨询评估着重从以下几个角度进行评估:申报单位及项目概况;发展规划、产业政策和行业准入;资源开发及综合利用;节能方案;建设用地、征地拆迁及移民安置;环境和生态影响;经济影响;社会影响;主要风险及应对措施等。

企业投资项目咨询评估报告主要包括以下十个方面内容。

(1)申报单位及项目概况评估。提出申报单位的申报资格以及是否具备承担拟建项目投资建设的基本条件的评估意见,并对项目概况进行阐述,为拟建项目的核准咨询评估相关章节编写提供项目背景基础。

(2)发展规划、产业政策和行业准入评估。

① 发展规划评估。评估拟建项目是否符合各类规划要求，提出拟建项目与有关规划内容的衔接性及目标的一致性等评估结论。

② 产业政策评估。评估拟建项目的工程技术方案、产品方案等是否符合有关产业结构调整、产业空间布局、产品发展方向、产业技术创新等法律法规、产业政策的要求。

③ 行业准入评估。评估拟建项目和项目建设单位是否符合有关行业准入标准的规定。

④ 自主创新和采用先进技术评估。对于采用先进技术和科技创新的企业投资项目，评估是否符合增强自主创新能力、建设创新型国家的发展战略要求，是否符合国家科技发展规划要求。

⑤ 项目建设必要性评估。评估拟建项目目标及功能定位是否合理，是否符合与项目相关的各类规划要求，是否符合相关法律法规、宏观调控政策、产业政策等规定，是否满足行业准入标准、重大布局优化、自主创新和采用先进技术等要求，对项目建设的必要性提出评估结论。

（3）资源开发及综合利用评估。

① 资源开发方案评估。对于资源开发类项目，对开发方案是否符合资源开发利用的可持续发展战略要求、是否符合保护资源环境的政策规定、是否符合资源开发总体规划及综合利用的相关要求等提出评估意见。

② 资源利用方案评估。对于需要占用重要资源的拟建项目，从发展循环经济、建设资源节约型社会等角度，对主要资源占用品种、数量、来源情况、综合利用方案的合理性，资源利用效率的先进程度，拟建项目是否会对地下水等其他资源造成不利影响等进行分析评估。

③ 资源节约措施评估。对作为拟建项目原材料的各类金属矿、非金属矿及水资源节约措施方案的合理性，采取资源节约措施后的资源消耗指标的对比分析、项目方案是否符合国家有关资源节约及有效利用的相关政策要求，在提高资源利用效率、降低水资源消耗及主要金属矿、非金属矿等资源消耗方面所采取的措施是否可行等提出评估意见。

（4）节能方案评估。

① 用能标准和节能规范评估。评估项目建设方案所遵循的国家和地方有关合理用能标准、节能设计规范的选择是否恰当，是否充分考虑到行业及项目所在地的特殊要求，内容是否全面、标准选择是否适宜。

② 能耗状况和能耗指标分析。根据项目所在地的能源供应状况，能耗指标与国际、国内先进水平的对比分析，评估项目建设方案所提出的能源消耗种类和数量是否可靠，分析项目方案所采用的能耗指标选择是否恰当。

③ 节能措施和节能效果分析。对优化用能结构，满足相关技术政策、设计标准及节能减排政策要求等方面所采用的主要节能降耗措施是否可行，以及项目的节能效果提出评估意见。

（5）建设用地、征地拆迁及移民安置评估。

① 项目选址及用地方案评估。对项目选址和用地方案是否符合有关法律法规要求，项目选址是否压覆矿床和文物，是否影响防洪、通航及军事设施安全及其处理方案的合理性提出评估意见。

② 土地利用合理性评估。对项目用地是否符合有关土地管理政策法规的要求，是否符合土地利用规划要求，占地规模是否合理，是否符合保护耕地要求，耕地占用补充方案是否可行，是否符合因地制宜、节约用地、少占耕地、减少拆迁移民等要求提出评估意见。

③ 征地拆迁和移民安置规划方案评估。对于涉及征地拆迁的项目，应结合项目选址和土地利用方案的评估，分析论证征地拆迁范围是否合理，安置补偿方案是否符合国家有关法规政策及当地的实际情况，移民生产安置、生活安置、收入恢复和就业重建等措施方案是否可行，方案制定过程中的公众参与、申诉机制、实施组织机构及监督机制等的规划方案是否完善，以及地方政府对移民安置规划、补偿标准的接受程度、移民安置补偿费用估算结果、资金来源的可靠性及资金平衡状况等提出评估意见。

（6）环境和生态影响评估。

① 环境和生态影响程度评估。评估项目对其所在地生态环境的影响程度，以及对整个流域及区域生态系统的综合影响后果。

② 生态环境保护措施评估。评估拟建项目能否满足达标排放、保护环境和生态、水土保持等政策法规的要求，以及生态环境保护措施是否合理和可行。

③ 地质灾害影响评估。在地质灾害易发区建设的项目和易诱发地质灾害的建设项目，结合有关部门提出的地质灾害、地震安全等方面的专题论证结论，评估项目是否可能诱发地质灾害、存在地震安全隐患，以及所提出的防御措施和对策是否可行。

④ 特殊环境影响评估。对于涉及历史文化遗产、自然遗产、风景名胜、自然景观、自然保护区和重要水源保护区等特殊环境保护的建设项目，评估拟建环保措施是否符合相关政策法规规定，以及所提出的保护措施是否可行。

（7）经济影响评估。

① 经济费用效益或费用效果分析的评估。对于产出物不具备实物形态，且明显涉及公众利益的无形产品项目，以及具有明显外部性影响的有形产品项目，应从社会资源优化配置的角度，进行经济费用效益、费用效果分析或定性经济分析，评估经济费用、效益的识别计算是否恰当，所采用的分析方法是否恰当，以及拟建项目的经济合理性。

② 行业影响评估。对于在行业内具有重要地位、对行业未来发展方向具有重要影响的建设项目，应对拟建项目对行业发展可能产生的影响进行分析评估，论证拟建项目对所在行业及关联产业发展的影响，并对是否可能形成行业垄断进行分析，对如何发挥拟建项目对行业发展的正面影响效果提出评估意见。

③ 区域经济影响评估。对区域经济可能产生重大影响的项目，应从拟建项目对区域经济发展、产业空间布局、当地财政收支、社会收入分配、市场竞争结构等方面影响的角度，评估拟建项目对区域经济所产生的影响，对如何协调项目与区域经济发展之间的关系、如何发挥项目对区域经济发展的正面影响效果以及是否可能导致当地市场垄断等提出评估意见。

④ 宏观经济影响评估。对于投资规模巨大的特大型项目，以及可能对国民经济产生重大影响的基础设施、科技创新、战略性资源开发等项目，应从国民经济整体发展角度，分析拟建项目对国家产业结构调整升级、重大产业优化布局、重要产业国际竞争力培育以及区域之间协调发展等方面的影响。对于涉及国家经济安全的重大项目，应结合资源、技术、资金、市场等方面的分析，评估项目建设和运营对国家产业技术安全、资源供应安全、资本控制安全、产业成长安全、市场环境安全等方面的影响，提出评估意见和建议。

（8）社会影响评估。

① 社会影响效果评估。评估拟建项目对就业、减轻贫困、社区发展等方面的影响，包括正面和负面影响效果。

② 社会适应性评估。通过调查分析拟建项目利益相关者的需求，目标人群对项目建设内容的认可和接受程度，分析拟建项目能否为当地的社会环境、人文条件所接纳，当地居民支持拟建项目的程度，对拟建项目与当地社会环境的相互适应性提出评估意见。

③ 社会风险及对策措施评估。在确认项目可能存在负面社会影响的情况下，提出协调项目与当地的社会关系，避免项目投资建设或运营管理过程中可能存在的冲突和各种潜在社会风险因素，对解决相关社会问题，减轻负面社会影响的措施方案提出评估意见。

（9）主要风险及应对措施评估。

① 主要风险综述。在前述评估论证的基础上，总结论述项目在维护经济安全、合理开发利用资源、保护生态环境、优化重大布局、保护公共利益、防止出现垄断等方面可能存在的主要风险。

② 风险影响程度评估。对拟建项目可能存在的重要风险因素，对其性质特征、未来变化趋势及可能造成的影响后果进行分析评估。对于需要进行经济费用效益分析的项目，还应通过敏感性分析或风险概率分析，对拟建项目的风险因素进行定量分析评估。

③ 风险应对措施评估。对于可能严重影响项目投资建设及运营效果的风险因素，提出风险应对措施，并对相关措施方案的合理性及可行性提出咨询评估意见。

（10）主要结论和建议。

① 主要评估结论。在前述评估论证的基础上，提出核准咨询评估的主要结论，并对拟建项目是否符合核准条件提出明确的评估意见。

② 主要措施建议。对评估中发现的拟建项目可能存在的各种问题，提出解决的对策措施和建议。

5.2.2　项目申请书的咨询评估

企业投资项目申请书的核准评估，是指符合资质要求的工程咨询机构，根据项目核准机关的委托要求，对企业报送的项目申请书进行评估论证，并编写咨询评估报告，作为项目核准机关决策的重要参考依据。企业投资项目咨询评估报告原则上应对项目是否具备各项核准条件进行全面、系统的分析论证，并提出咨询评估的主要结论、存在的主要问题及对策措施建议。

5.2.2.1　企业投资项目申请书的咨询评估

（1）咨询评估重点。对于企业提交的项目申请书进行咨询评估，重点论述项目在维护经济安全、合理开发利用资源、保护生态环境、优化重大布局、保障公共利益、防止出现垄断等方面的可行性、存在的主要风险因素及规避对策。着重从以下几个角度进行评估：申报单位及项目概况，发展规划、产业政策和行业准入，资源开发及综合利用，节能，建设用地、征地拆迁及移民安置，环境和生态影响，经济影响，社会影响，主要风险及应对措施，主要结论和建议。

（2）咨询评估要求。对于提出准予核准咨询意见的企业投资项目，必须具备以下条件：
① 符合国家法律法规和宏观调控政策；
② 符合发展规划、产业政策、技术政策和准入标准；
③ 合理开发并有效利用了资源；
④ 不影响我国国家安全、经济安全和生态安全；

⑤ 对公众利益，特别是项目建设地的公众利益不产生重大不利影响。

企业投资项目咨询评估报告的开头部分，应编写内容提要，扼要地介绍报告的核心内容，主要包括评估的基本背景、主要评估内容及重要评估结论和建议。在企业投资项目咨询评估报告的正文部分，应根据项目自身情况、行业特点和委托方的具体要求，有选择地确定咨询评估报告的内容和论述重点。若项目核准机关认为相关专项审查不需要进行详细评估，应在委托要求中予以注明。为了全面、清晰地表达咨询评估报告的相关内容，应重视有关附件、附图及附表的编写，作为咨询评估报告的重要组成部分。

（3）咨询评估报告的主要内容。企业投资项目咨询评估报告主要包括以下10个方面内容。

① 申报单位及项目概况评估。提出申报单位的申报资格以及是否具备承担拟建项目投资建设的基本条件的评估意见，并对项目概况进行阐述，为拟建项目的核准咨询评估相关章节编写提供项目背景基础。

② 发展规划、产业政策和行业准入评估。

a. 发展规划评估。评估拟建项目是否符合各类规划要求，提出拟建项目与有关规划内容的衔接性及目标的一致性等评估结论。

b. 产业政策评估。评估拟建项目的工程技术方案、产品方案等是否符合有关产业结构调整、产业空间布局、产品发展方向、产业技术创新等法律法规、产业政策的要求。

c. 行业准入评估。评估拟建项目和项目建设单位是否符合有关行业准入标准的规定。

d. 自主创新和采用先进技术评估。对于采用先进技术和科技创新的企业投资项目，评估是否符合增强自主创新能力、建设创新型国家的发展战略要求，是否符合国家科技发展规划要求。

e. 项目建设必要性评估。评估拟建项目目标及功能定位是否合理，是否符合与项目相关的各类规划要求，是否符合相关法律法规、宏观调控政策、产业政策等规定，是否满足行业准入标准、重大布局优化、自主创新和采用先进技术等要求，对项目建设的必要性提出评估结论。

③ 资源开发及综合利用评估。

a. 资源开发方案评估。对于资源开发类项目，对开发方案是否符合资源开发利用的可持续发展战略要求、是否符合保护资源环境的政策规定、是否符合资源开发总体规划及综合利用的相关要求等提出评估意见。

b. 资源利用方案评估。对于需要占用重要资源的拟建项目，从发展循环经济、建设资源节约型社会等角度，对主要资源占用品种、数量、来源情况以及综合利用方案的合理性，资源利用效率的先进程度，拟建项目是否会对地下水等其他资源造成不利影响等进行分析评估。

c. 资源节约措施评估。对作为拟建项目原材料的各类金属矿、非金属矿及水资源节约措施方案的合理性，采取资源节约措施后的资源消耗指标的对比分析，项目方案是否符合国家有关资源节约及有效利用的相关政策要求，在提高资源利用效率、降低水资源消耗及主要金属矿、非金属矿等资源消耗方面所采取的措施是否可行等提出评估意见。

④ 节能方案评估。

a. 用能标准和节能规范评估。评估项目建设方案所遵循的国家和地方有关合理用能标准、节能设计规范的选择是否恰当，是否充分考虑到行业及项目所在地的特殊要求，内容是否全面、标准选择是否适宜。

b. 能耗状况和能耗指标分析。根据项目所在地的能源供应状况，能耗指标与国际、国内先进水平的对比分析，评估项目建设方案所提出的能源消耗种类和数量是否可靠，分析项目方案所采用的能耗指标选择是否恰当。

c. 节能措施和节能效果分析。对优化用能结构、满足相关技术政策、设计标准及节能减排政策要求等方面所采用的主要节能降耗措施是否可行，以及项目的节能效果提出评估意见。

⑤ 建设用地、征地拆迁及移民安置评估。

a. 项目选址及用地方案评估。对项目选址和用地方案是否符合有关法律法规要求，项目选址是否压覆矿床和文物、是否影响防洪、通航及军事设施安全及其处理方案的合理性提出评估意见。

b. 土地利用合理性评估。对项目用地是否符合有关土地管理政策法规的要求，是否符合土地利用规划要求，占地规模是否合理，是否符合保护耕地要求，耕地占用补充方案是否可行，是否符合因地制宜、节约用地、少占耕地、减少拆迁移民等要求提出评估意见。

c. 征地拆迁和移民安置规划方案评估。对于涉及征地拆迁的项目，应结合项目选址和土地利用方案的评估，分析论证征地拆迁范围是否合理，安置补偿方案是否符合国家有关法规政策及当地的实际情况，移民生产安置、生活安置、收入恢复和就业重建等措施方案是否可行，方案制定过程中的公众参与、申诉机制、实施组织机构及监督机制等的规划方案是否完善，以及地方政府对移民安置规划、补偿标准的接受程度、移民安置补偿费用估算结果、资金来源的可靠性及资金平衡状况等提出评估意见。

⑥ 环境和生态影响评估。

a. 环境和生态影响程度评估。评估项目对其所在地生态环境的影响程度，以及对整个流域及区域生态系统的综合影响后果。

b. 生态环境保护措施评估。评估拟建项目能否满足达标排放、保护环境和生态、水土保持等政策法规的要求，以及生态环境保护措施是否合理和可行。

c. 地质灾害影响评估。在地质灾害易发区建设的项目和易诱发地质灾害的建设项目，结合有关部门提出的地质灾害、地震安全等方面的专题论证结论，评估项目是否可能诱发地质灾害、存在地震安全隐患，以及所提出的防御措施和对策是否可行。

d. 特殊环境影响评估。对于涉及历史文化遗产、自然遗产、风景名胜、自然景观、自然保护区和重要水源保护区等特殊环境保护的建设项目，评估拟建环保措施是否符合相关政策法规规定，以及所提出的保护措施是否可行。

⑦ 经济影响评估。

a. 经济费用效益或费用效果分析的评估。对于产出物不具备实物形态，且明显涉及公众利益的无形产品项目，以及具有明显外部性影响的有形产品项目，应从社会资源优化配置的角度，进行经济费用效益、费用效果分析或定性经济分析，评估经济费用、效益的识别计算是否恰当，所采用的分析方法是否恰当，以及拟建项目的经济合理性。

b. 行业影响评估。对于在行业内具有重要地位、对行业未来发展方向具有重要影响的建设项目，应对拟建项目对行业发展可能产生的影响进行分析评估，论证拟建项目对所在行业及关联产业发展的影响，并对是否可能形成行业垄断进行分析，对如何发挥拟建项目对行业发展的正面影响效果提出评估意见。

c. 区域经济影响评估。对区域经济可能产生重大影响的项目，应从拟建项目对区域经济发展、产业空间布局、当地财政收支、社会收入分配、市场竞争结构等方面影响的角度，评估拟建项目对区域经济所产生的影响，对如何协调项目与区域经济发展之间的关系、如何发挥项目对区域经济发展的正面影响效果以及是否可能导致当地市场垄断等提出评估意见。

d. 宏观经济影响评估。对于投资规模巨大的特大型项目，以及可能对国民经济产生重大影响的基础设施、科技创新、战略性资源开发等项目，应从国民经济整体发展角度，分析拟建项目对国家产业结构调整升级、重大产业优化布局、重要产业国际竞争力培育以及区域之间协调发展等方面的影响。对于涉及国家经济安全的重大项目，应结合资源、技术、资金、市场等方面的分析，评估项目建设和运营对国家产业技术安全、资源供应安全、资本控制安全、产业成长安全、市场环境安全等方面的影响，提出评估意见和建议。

⑧ 社会影响评估。

a. 社会影响效果评估。评估拟建项目对就业、减轻贫困、社区发展等方面的影响，包括正面和负面影响效果。

b. 社会适应性评估。通过调查分析拟建项目利益相关者的需求，目标人群对项目建设内容的认可和接受程度，分析拟建项目能否为当地的社会环境、人文条件所接纳，当地居民支持拟建项目的程度，对拟建项目与当地社会环境的相互适应性提出评估意见。

c. 社会风险及对策措施评估。在确认项目可能存在负面社会影响的情况下，提出协调项目与当地的社会关系，避免项目投资建设或运营管理过程中可能存在的冲突和各种潜在社会风险因素，对解决相关社会问题，减轻负面社会影响的措施方案提出评估意见。

⑨ 主要风险及应对措施评估。

a. 主要风险综述。在前述评估论证的基础上，总结论述项目在维护经济安全、合理开发利用资源、保护生态环境、优化重大布局、保护公共利益、防止出现垄断等方面可能存在的主要风险。

b. 风险影响程度评估。对拟建项目可能存在的重要风险因素，对其性质特征、未来变化趋势及可能造成的影响后果进行分析评估。对于需要进行经济费用效益分析的项目，还应通过敏感性分析或风险概率分析，对拟建项目的风险因素进行定量分析评估。

c. 风险应对措施评估。对于可能严重影响项目投资建设及运营效果的风险因素，提出风险应对措施，并对相关措施方案的合理性及可行性提出咨询评估意见。

⑩ 主要结论和建议。

a. 主要评估结论。在前述评估论证的基础上，提出核准咨询评估的主要结论，并对拟建项目是否符合核准条件提出明确的评估意见。

b. 主要措施建议。对评估中发现的拟建项目可能存在的各种问题，提出解决的对策措施和建议。

5.2.2.2 外商投资项目申请报告的咨询评估

对外商投资项目核准申请报告进行咨询评估，着重论证以下内容：是否符合国家有关法律法规和《鼓励外商投资产业指导目录》《中西部地区外商投资优势产业目录》的规定；是否符合发展规划、产业政策及准入标准；是否合理开发并有效利用了资源；是否影响国家安全和生态安全；是否对公众利益产生重大不利影响；是否符合国家资本项目管理、外债管理的有关规定。

接受委托的咨询机构应在项目核准机关规定的时间内提出评估报告，并对评估结论承担责任。咨询机构在进行评估时，可要求项目申报单位就有关问题进行说明。

5.2.3 资金申请报告的咨询评估

5.2.3.1 中央预算内投资补助和贴息资金申请报告的咨询评估

对企业申请中央预算内投资补助和贴息资金项目的资金申请报告进行咨询评估的重点主要包括：是否符合中央预算内投资的使用方向；是否符合有关工作方案的要求；是否符合投资补助和贴息资金的安排原则；提交的相关文件是否齐备、有效；项目的主要建设条件是否基本落实。

5.2.3.2 国外贷款投资项目资金申请报告的咨询评估

对企业申请借用国际金融组织和外国政府贷款投资项目的资金申请报告进行咨询评估的重点主要包括：是否符合国家利用国外贷款的政策及使用规定；是否符合国外贷款备选项目规划；是否已按规定履行审批、核准或备案手续；国外贷款偿还和担保责任是否明确，还款资金来源及还款计划是否落实；国外贷款机构对项目贷款是否已初步承诺。

5.2.4 政府和社会资本合作项目的咨询评估

根据《中共中央 国务院关于深化投融资体制改革的意见》，将PPP项目纳入正常的基本建设程序。这类项目的决策，一般仍应按照审批制项目决策程序要求编制项目建议书、项目可行性研究报告和相应的立项、决策审批。另外，项目实施机构组织编制实施方案报告，并提交联审机制审查。实施方案评估的主要内容包括以下方面。

① 项目实施PPP模式的必要性。
② 项目规模与工程技术方案是否合理。
③ 项目运作模式与交易结构是否合理。
④ 投融资方案是否可行。
⑤ 物有所值评价和财政承受能力论证。
⑥ PPP合同内容和关键条款评估。
⑦ 社会资本方采购方案是否合理。
⑧ 政府承诺和风险分担机制是否合适。

项目实施过程中，政府将加强工程质量、运营标准的全程监督，确保公共产品和服务的质量、效率和延续性，并鼓励推进第三方评价。项目实施结束后，可对项目的成本效益、公众满意度、可持续性等进行后评价。

5.2.5 社会稳定风险评估

根据《中央办公厅 国务院办公厅关于建立健全重大决策社会稳定风险评估机制的指导意见（试行）》和《国家发展改革委重大固定资产投资项目社会稳定风险评估暂行办法》，为促进科学决策、民主决策、依法决策，预防和化解社会矛盾，建立和规范重大固定资产投资项目社会稳定风险评估机制。项目单位在组织开展重大项目前期工作时，应当对社会稳定风险进行调查分析，征询相关群众意见，查找并列出风险点、风险发生的可能性及影响程度，提出防范和化解风险的方案措施，提出采取相关措施后的社会稳定风险等级建议。

5.2.5.1 评估范围

凡是直接关系人民群众切身利益且涉及面广、容易引发社会稳定问题的重大决策事项，包括涉及征地拆迁、农民负担、国有企业改制、环境影响、社会保障、公益事业等方面的重大工程项目建设、重大政策制定以及其他对社会稳定有较大影响的重大决策事项，党政机关作出决策前都要进行社会稳定风险评估。需要评估的具体决策事项由各地区各有关部门根据上述规定和实际情况确定。

国务院有关部门、省级发展改革部门、中央管理企业在向国家发展改革委报送项目可行性研究报告、项目申请书的申报文件中，应当包含对该项目社会稳定风险评估报告的意见，并附社会稳定风险评估报告。重大工程项目建设需要进行社会稳定风险评估的，应当把社会稳定风险评估作为工程项目可行性研究的重要内容，不再另行评估。

5.2.5.2 评估内容

对需要进行社会稳定风险评估的重大决策事项，重点从以下几方面进行评估。

（1）合法性。决策机关是否享有相应的决策权并在权限范围内进行决策，决策内容和程序是否符合有关法律法规和政策规定。

（2）合理性。决策事项是否符合大多数群众的利益，是否兼顾了群众的现实利益和长远利益，会不会给群众带来过重经济负担或者对群众的生产生活造成过多不便，会不会引发不同地区、行业、群体之间的攀比。拟采取的措施和手段是否必要、适当，是否尽最大可能维护了所涉及群众的合法权益。政策调整、利益调节的对象和范围界定是否准确，拟给予的补偿、安置或者救助是否合理、公平、及时。

（3）可行性。决策事项是否与本地经济社会发展水平相适应，实施是否具备相应的人力、物力、财力，相关配套措施是否经过科学、严谨、周密论证，出台时机和条件是否成熟。决策方案是否充分考虑了群众的接受程度，是否超出大多数群众的承受能力，是否得到大多数群众的支持。

（4）可控性。决策事项是否存在公共安全隐患，会不会引发群体性事件、集体上访，会不会引发社会负面舆论、恶意炒作以及其他影响社会稳定的问题。决策事项可能引发社会稳定风险是否可控，能否得到有效防范和化解；是否制定了社会矛盾预防和化解措施以及相应的应急处置预案，宣传解释和舆论引导工作是否充分；对可能引发的社会稳定风险的各方面意见及其采纳情况，风险评估结论和对策建议，风险防范和化解措施以及应急处置预案等内容。

5.2.5.3 评估主体

重大决策社会稳定风险评估工作由评估主体组织实施。地方党委和政府作出决策的，由党委和政府指定的部门作为评估主体。党委和政府有关部门作出决策的，由该部门或牵头部门或其他有关部门指定的机构作为评估主体。需要多级党政机关作出决策的，由初次决策的机关指定评估主体，不重复评估。根据工作需要，评估主体可以组成由政法、综治、维稳、法制、信访等有关部门,有关社会组织、专业机构、专家学者及决策所涉及群众代表等参加的评估小组进行评估。

国家发展改革委在委托工程咨询机构评估项目可行性研究报告、项目申请书时,可以根据情况在咨询评估委托书中要求对社会稳定风险分析和评估报告提出咨询意见。

5.2.5.4 评估程序

(1)充分听取意见。根据实际情况,可以采取公示、问卷调查、实地走访和召开座谈会、听证会等多种方式,就决策事项听取各方面意见。对受决策影响较大的群众、有特殊困难的家庭要重点走访,当面听取意见。听取意见要注意对象的广泛性和代表性,讲清决策的法律和政策依据、决策方案、决策可能产生的影响,以便群众了解真实情况、表达真实意见。

(2)全面分析论证。分门别类梳理各方意见和情况,对决策方案的合法性、合理性、可行性和风险可控性进行全面深入研究,查找社会稳定风险点。对所有风险点逐一进行分析,参考相同或者类似决策引发的社会稳定风险情况,预测研判风险发生概率,可能引发矛盾纠纷的激烈程度和持续时间、涉及人员数量,可能产生的各种负面影响,以及相关风险的可控程度。

(3)确定风险等级。根据分析论证情况,按照决策实施后可能对社会稳定造成的影响程度确定风险等级。风险等级分为高风险、中风险、低风险3类:大部分群众有意见、反应特别强烈,可能引发大规模群体性事件的,为高风险;部分群众有意见、反应强烈,可能引发矛盾冲突的,为中风险;多数群众理解支持但少部分人有意见的,为低风险。风险等级的具体划分标准由各地区有关部门予以明确。

(4)提出评估报告。评估报告应当包括评估事项和评估过程,各方意见及其采纳情况,决策可能引发的社会稳定风险,风险评估结论和对策建议,风险防范和化解措施以及应急处置预案等内容。评估报告由评估主体主要负责人签字后报送决策机关。需要多级党政机关决策的,要逐级上报,并抄送决策实施部门和政法、综治、维稳、法制、信访等有关部门。

5.3 项目评估质量控制

5.3.1 项目评估质量控制概述

5.3.1.1 项目评估质量控制的目的

项目评估质量控制是指为确保咨询评估成果的质量特性而进行的计划、组织、协调和控制等活动。项目评估质量控制的目的,是通过对咨询评估工作中直接影响产品质量的主要过程和关键环节实施控制,确保咨询评估结论和意见建议的公平公正、科学合理,并符合相关规定要求。

5.3.1.2 项目评估质量控制的重要性

项目评估是工程项目前期工作的延伸,是为决策者进行科学决策或为政府核准项目提供依据的咨询活动,因此,咨询评估产品的质量在工程项目前期工作中处于十分重要的地位。

(1)提高投资项目决策水平,为投资管理部门审批项目提供决策参考。咨询机构根据政府有关部门、金融机构和企业的委托，按照一定的目标，采取科学的方法，对项目的市场、技术、财务、经济以及环境和社会的影响等方面进行进一步的分析论证和再评价，权衡各种方案的利弊和潜在风险，判断项目是否值得投资，作出明确的评估结论，从而为进行科学决策提供依据。

（2）提高投资效益，避免决策失误。工程咨询机构接受各级政府、企业和金融机构的委托，承担了大量工程建设项目的咨询评估，为决策科学化、民主化、优化建设方案、防范投资风险、避免和减少决策失误、提高投资效益提供依据。

（3）促进政府和企业管理提升，优化产业结构。工程咨询机构承担了政府和企业大量的产业规划、园区规划和企业发展规划的咨询评估，在为部门、行业、企业制定发展战略和规划，提升管理水平和效率，以及调整和优化经济结构等方面做出了积极的贡献。

5.3.2 项目评估质量控制的流程

项目评估的业务流程是一个由相互关联、相互影响的诸多过程所组成的体系。咨询评估质量控制就是通过对工作流程中的每一具体过程进行管理和控制，使影响产品质量的全部因素都处于受控状态，从而确保咨询产品质量符合要求。一般而言，项目评估质量控制流程主要包括以下环节：

（1）接受委托。工程咨询机构接受政府、企业或金融机构的委托，指派项目前期负责人，负责前期洽商、谈判、合同评审等工作。

（2）前期准备。包括选任项目经理、验收顾客提供资料、编制质量计划、聘用专家等工作。

（3）组织评估。项目经理按照质量计划要求和项目需要组建项目评估组和专家组，明确职责分工，开展咨询评估，并根据顾客需求和项目需要，形成专家咨询意见。

（4）编写报告。项目经理在调研基础上组织评估组成员，对有关资料信息和专家咨询意见进行整理、归纳，起草咨询评估报告。

（5）质量评审。结合企业实际和项目需要，对咨询评估报告组织开展质量评审，整理评审意见，形成评审会议纪要。

（6）印刷、包装、交付。按照项目情况和顾客需要，印制、包装形成咨询评估报告成品，并向顾客交付。

（7）咨询工作总结。项目结束后，根据企业内部规定，履行相关手续，总结咨询评估工作，整理项目有关资料并归档保存。

5.3.3 项目评估质量控制的内容

项目评估质量控制是通过对咨询评估流程中关键环节的管理，使组织内外各项活动和工作流程之间能够科学、有序地协同运作，确保咨询产品满足顾客需要和期望。

5.3.3.1 配置人力资源

项目评估人力资源配置是指为高质量地完成客户委托目标，科学合理地分配人力资源，实现人力资源与工作任务之间的优化配置。其中，最重要的是项目经理选任和专家聘用。

（1）项目经理选任。工程咨询机构应建立组织内部的项目经理资格评定工作机制，规定项目经理应具备的资格条件，明确项目经理评定工作程序及项目经理的工作职责。定期组织开展项目经理资格评定，对符合条件的业务人员聘任为项目经理，形成项目经理红名单。在接到咨询评估委托任务时，工程咨询机构应根据业务需要，从项目经理红名单中选任合适的人员作为项目经理，具体负责项目的组织、计划和实施。

（2）专家聘用。工程咨询机构应建立组织内部的专家选聘工作机制，规定专家提名、聘任和调整的工作程序，明确专家的权利和义务。根据业务发展需要建立专家红名单，专家聘用应首先在红名单中选择。当需要聘用红名单之外的专家时，应按照专家选聘工作程序要求，在办理完相关手续后才能聘用。

项目评估的专家应由项目经理选聘，聘用专家需遵循规避原则。项目经理根据咨询项目情况以及合同或委托书的要求，分析专家聘用需求，提出所需专家的工作岗位（或专业方向）、人数及工作内容，经部门领导或业务分管领导审查同意后，组建形成项目专家组。

5.3.3.2 收集待评材料

待评材料是工程项目咨询评估的基础资料，也是组织开展咨询评估工作的依据，因此，待评材料的收集整理是保障咨询评估产品质量的重要环节。

（1）项目经理在接到咨询评估项目后，应及时与顾客进行沟通，提出需要顾客提供的资料清单，并询问顾客的要求和建议。

（2）在收到顾客提供的待评材料后，项目经理要对其进行验证，确保顾客提供的材料满足咨询评估工作的需要。

（3）项目经理应认真阅读、消化有关资料，了解项目背景、基本情况和咨询评估内容及要求，以此作为制订质量计划的依据。

5.3.3.3 制订质量计划

项目质量计划是在识别顾客和相关方要求与期望的基础上，对咨询评估工作的组织开展所做的全面统筹安排。项目经理应根据企业有关制度文件、合同文件或委托书的要求，在收到待评材料并经初步审阅，认为基本具备评估条件后，及时编制咨询评估项目质量计划。一般而言，项目质量计划主要包括以下内容。

（1）项目简况。

（2）根据合同要求及对待评材料的分析，确定咨询工作重点。

（3）项目咨询各阶段进度安排，影响质量的控制节点及质量检查控制方法。

（4）项目组成员名单。

（5）专家名单。

（6）直接费用计划。

（7）结合项目的具体情况和特点，确定尽可能量化的项目质量目标并层层分解落实。

（8）合同的特殊要求和对策，以及其他需要策划的内容。

5.3.3.4 建立评审制度

工程咨询机构应在组织内部建立多层级的质量评审工作机制，规定质量评审的责任部门、人员构成及其职责分工，明确质量评审工作程序。一般而言，企业组织内部的质量评审由部门和公司两级评审构成。

（1）部门评审。咨询评估工作完成后，项目承担部门都要组织有关人员对项目咨询评估成果进行评审。部门评审要对评估报告的质量进行全面审议，作出质量评定并提出明确具体的评审意见。如无异议，项目经理应根据部门评审意见尽快完成报告修改。

（2）公司评审。公司评审的项目可由部门推荐、分管领导指定或抽样选取产生。公司评审一般采取召开评审会的形式，评审组评委由公司分管领导和相关行业专家组成。根据国家长远规划、产业规划、生产力布局、节能环保以及土地利用等有关政策要求，评审组评委对咨询评估报告的主要观点、关键数据、基本结论、重大建议提出切实可行的评审意见，形成评审会议纪要。评审会后，项目经理应及时修改评审中发现的问题，使评估报告最终达到或超过质量标准。

5.3.3.5 建立质量控制责任制

工程咨询机构应建立组织内部的质量控制责任制，明确质量控制的各级各类人员职责，以及质量事故处理的工作程序。咨询评估质量控制的责任人一般包括项目经理、部门领导、公司领导和管理部门的相关责任人。其中，项目经理是咨询评估工作的直接领导和组织者，也是咨询评估报告的直接责任人，其职责一般包括：

（1）明确项目各项前期准备工作的质量目标要求，制订分层次的质量职责，制订质量计划并组织实施。

（2）按照质量计划规定督促、检查质量计划执行情况，特别是关键质量控制节点的检查和评审活动。

发现咨询评估报告的格式不规范，内容不完整，引用数据与参数不可靠，分析方法不科学，论证结论不合理时，要认真补做有关工作，并对咨询报告进行修改完善。

第6章

建设方案比较与选择

建设方案是投资项目的主体，建设方案研究与比选是构造和优化项目建设方案的重要工具和基本方法，是项目决策分析与评价的主要内容。在此基础上，通过估算项目投资、比选融资方案，进行项目经济、环境和社会评价，判别项目的可行性和合理性。本章主要介绍建设规模和产品方案、工艺技术及设备方案、场（厂）址及线路方案、原材料与能源供应方案、总图运输方案、建筑安装工程方案、公用与辅助工程方案等方案比选的主要内容、重点及其比选方法等。

6.1 概述

建设方案研究与比选是对拟建投资项目各种可能的建设方案进行分析研究、比选和优化，进而构造相对最佳建设方案的过程。由于投资项目的内在因素和外部条件的不同，使得构成项目的主体工程及其配套工程产生差异，建设方案可能会存在多种选择。

本节首先介绍建筑方案研究与比选的基本概念，随后介绍比较的原则与指标体系，以及比较的范围与步骤特点，可更好地反映建筑方案比较与选择的全过程。

6.1.1 建设方案研究与比选的基本概念

6.1.1.1 建设方案研究与比选的任务与要求

建设方案研究与比选的任务就是要对两种以上可能的建设方案，从技术、经济、环境、社会各方面，对建设方案的科学性、可能性、可行性进行论证、排序、比选和优化。通过建设方案研究与比选,选择合理的建设规模和产品方案、先进适用的工艺技术、性能可靠的生产设备、合理可行的资源供应与运输方案、适宜的场址、合理的总图布置以及相应的配套设施方案,确保项目的综合效益最大化。建设方案的研究与比选要在符合国家及行业有关经济建设法规和技术政策的条件下优选,使其满足项目决策分析与评价相应阶段的深度要求;满足项目业主的发展战略和对该项目的功能、盈利性等方面的要求,且有一定前瞻性的要求;满足技术具有可得性及技术贸易的合理性要求;满足环境友好和可持续发展的要求;满足资源节约要求;满足风险规避及工程可靠性要求;满足节约投资和成本控制的要求等。

6.1.1.2 建设方案研究与比选的主要内容

建设方案的内容可随行业和项目复杂程度而异。不同阶段的建设方案研究工作深度不同,初步可行性研究阶段的建设方案研究可以粗略比较,可行性研究阶段中的建设方案研究要求全面而深入。

一般工业项目的建设方案主要包括下列内容:
(1)建设规模和产品方案。
(2)工艺技术及设备方案。
(3)场(厂)址、线路方案。
(4)原材料与能源供应方案。
(5)总图运输方案。
(6)建筑安装工程方案。
(7)公用、辅助及厂外配套工程方案。
(8)节能、节水、节材方案。
(9)环境生态保护方案。
(10)安全、职业卫生与消防方案,以及项目组织与管理等。

6.1.1.3 建设方案研究与比选的作用

(1)在市场、资源研究的基础上,研究确定产品方案和建设规模。

(2)为投资估算、融资方案研究、成本费用和财务效益、经济效益、社会效益、环境效益等后续分析工作提供条件。

(3)建设方案构造中反复开展技术、经济比较,在逐步完善建设方案的同时,实现项目优化。

(4)为项目的初步设计提供全面的基础方案和依据。

(5)为项目用地预审报告、项目选址报告、项目安全条件论证与项目安全预评价、项目申请报告、环境影响报告书(含项目环境风险评价)、水资源论证报告、工程场地地震安全性评价、地质灾害危险性评估、职业病危害预评价、金融机构贷款评估等相关工作提供基础数据和材料。

(6)为编制项目申请报告、资金申请报告、金融机构贷款评估等相关工作提供基础数据和材料。

(7)为建设资源节约型社会,提供合理的节能、节水、节材、节地等资源性利用标准和设计技术,是评价建设项目能耗指标在国际和国内所处的水平,项目核准、备案以及建成后有关节能验收等的依据。

6.1.2 比选的原则与指标体系

6.1.2.1 建设方案研究与比选的原则

（1）先进性原则。拟比选的建设方案一般要比国内现有的技术先进，力争有较强的国际竞争力。技术先进性可以通过各种技术经济指标体现出来，主要有劳动生产率、单位产品的原材料和能源消耗量、产品质量、项目占地面积和运输量等。

（2）适用性原则。拟比选的建设方案必须考虑对当地资源的适用性（包括原材料、人力资源、环境资源等），充分发挥我国和项目所在地的资源优势，适应项目特定的自然、经济、社会等方面的条件，降低原材料特别是能源的消耗，改善产品结构，提高产品质量，同时也有利于充分发挥原有的技术装备和技术力量的作用。

（3）可靠性原则。拟比选的建设方案必须是成熟的、稳定的，对产品的质量性能和项目的生产能力有足够的保证程度，能防范和积极避免因建设方案产生的资源浪费、生态平衡、人类安全受危害等情况的发生。未经中间检验就转化为技术方案的绝不能冒险采用。同时，技术的来源也应当可靠。

（4）安全性原则。拟比选的建设方案必须考虑是否会对操作人员造成人身伤害，有无保护措施，"三废"的产生和治理情况，是否会破坏自然环境和生态平衡等。应使选择的建设方案有利于环境保护和尽量少排放废气、废水和固体废物。

（5）经济性原则。拟比选的建设方案，要根据项目的具体情况，分析建设方案的投资费用、劳动力需要量、能源消耗量、产品最终成本等，反复比选各建设方案的建设成本和产品性能，选择"性价比"较高的建设方案为较优方案。同时还要注意经济的可比性原则，即比选时充分考虑满足需要可比、消耗费用可比、价格指标可采取时间因素可比、方法可比等方面的可比性。

（6）技术、经济、社会和环境相结合原则。在选择建设方案时，不仅要考虑技术和经济问题，还要对社会影响和环境影响给予必要的考虑，避免产生不良的社会问题和环境问题。

6.1.2.2 指标体系及基础资料

（1）指标体系。比选指标体系包括技术层面、经济层面和社会层面（含环境层面），随项目类别不同而不同。每一个比选层面都包含若干比选因素。因此在进行建设方案比选和优化时，不仅要选择比选层面，还要选择比选因素。市场竞争类项目比选层面着重于技术层面和经济层面；公共产品、基础设施类项目比选层面着重于社会层面和技术层面。

（2）基础资料及数据。建设方案比选应以可靠、可比的数据为基础，所需要收集的基础资料和数据随投资项目类别不同而不同，主要有地区资料、工程规范资料、市场调研的资料。

6.1.3 比选的范围与步骤特点

6.1.3.1 建设方案研究与比选的范围

（1）项目整体方案的研究和比选一般含建设规模与产品方案、总体技术路线、场址选择方案、总体布局和主要运输方案、环境保护方案、其他总体性建设方案等。

（2）分项工程的方案研究和比选一般包括各车间建设方案、各生产装置建设方案、各专项工程（道路、管线、码头等）建设方案、其他分项工程建设方案等。

（3）各专业工程的方案研究比选一般包括公用工程配套设施建设方案及主要设备选择方案等。

6.1.3.2 建设方案研究与比选的基本步骤

建设项目方案研究与比选一般包括以下步骤。

（1）研究与比选命题的准备。每个比选问题都针对一定的条件和要求，应明晰这些条件和要求，作为组织专题方案比选的基础。

（2）研究与比选组织形式的确定。一般项目咨询人员自行进行多方案研究和比选；简单的建设方案可以适当简化；许多专案比选，可以由专业工程师独立承担。

（3）研究与比选基础资料的搜集。建设方案研究比选应以可靠、可比的数据为基础，根据投资项目类别不同，建设方案研究与比选应采用多种方法和渠道收集地区资料、工程规范资料和市场调研等基础资料。

（4）研究与比选方案的初审。从每个方案自身初步筛选出合格的方案。

（5）研究与比选方法和指标的选择。针对比选专题的特点，提出各参选方案的比较因素，并选择定性和定量分析对比的方法。

（6）研究与比选工作的开展。

6.2 建设方案的主要研究内容

本节主要介绍了建设方案研究的主要内容，从建设规模与产品方案出发，分别引出了工艺技术及设备方案、场（厂）址及线路方案、原材料与燃料供应方案、总图运输方案、土建工程方案、公用与辅助配套工程方案。

6.2.1 产品方案

6.2.1.1 产品方案与产品组合

产品方案即拟建项目的主导产品、辅助产品或副产品及其生产能力的组合方案，包括产品品种、产量、规格、质量标准、工艺技术、材质、性能、用途、价格、内外销比例等。产品方案需要在产品组合研究的基础上形成。首先需要确定项目的主要产品、辅助产品、副产品的种类及其生产能力的合理组合，使它与技术、设备、原材料燃料供应等方案协调一致。

6.2.1.2 产品方案选择应考虑的因素

（1）国家产业政策和企业发展战略。项目产品方案应符合国家发布的产品目录，符合企业发展战略，使产品具有先进性或高附加值，有利于提高产品在国内外市场的竞争力。

（2）市场需求。应从市场需求导向和目标市场来确定产品品种、产量、质量标准，项目产品方案应能适应市场多变的要求。产品市场的界定应具有战略价值。

（3）专业化协作。应从社会和区域的角度考察项目产品方案是否符合专业化协作以及上下游产品链衔接的要求。

（4）资源综合利用。对共生型资源开发或者在生产过程中有副产品的项目，在确定产品方案时，应考虑资源的综合利用，提出主导产品和副产品的组合方案。

（5）环境制约条件。应根据当地环境的要求和可能提供的环境容量来确定项目产品方案。

（6）原材料、燃料供应。应遵循行业对原材料、燃料供应的相关规定、规范，根据项目所采用的原材料、燃料的可得性及其数量、品质、供应的稳定性来确定项目产品方案。

（7）技术设备条件。项目产品方案应与可能获得的技术装备水平相适应。

（8）生产、运输、包装、储存条件。对生产、运输、包装、储存有特殊要求的项目，确定产品方案时，应考虑满足这些要求的可能性。

6.2.1.3 产品方案的比选

考虑上述因素，进行产品方案比选后提出推荐方案，说明推荐方案的产品、副产品、中间产品的名称、数量、规格、形态、质量和主要去向，以及依据的产品标准。推荐产品方案可以列表说明，其具体格式见表6-1。

表6-1 产品方案比选表

序号	装置名称及规模	主要产品（含副产品、中间产品）	年产量	年商品量	规格	年操作时数	备注
1							
2							
3							

6.2.2 建设规模

6.2.2.1 建设规模的概念

建设规模也称生产规模，是指项目在正常生产年份可能达到的生产能力或使用效益，可据此对未来供需情况进行预测，其既是判断扩建或新建项目是否可行的依据，又是确定一个工程项目生产规模的依据。划分建设规模的标准因行业不同而异，一般建设规模的标书应符合其所属的行业规范或习惯。

6.2.2.2 建设规模确定时应考虑的因素

（1）国家或行业制定的生产经济规模标准。应尽可能使项目达到或接近经济规模，以提高项目的市场竞争能力。

（2）市场需求。市场对拟建项目的产品品种、规格和数量的需求，从产出方向上规定了项目拟建规模。因此，首先应根据市场调查和预测得出的有关市场容量、目标市场、可能占有的市场份额等结论，考虑拟建项目的建设规模。

（3）自然资源供应及环境容量。土地、生物、水、矿产和人力等资源，各类原材料、零部件、燃料、电力及交通运输、通信、建筑材料、施工能力等，都可能对考虑项目的建设规模问题构成影响。工程项目生产期间排出的污染物不仅应达标排放，而且排出污染物总量应控制在环境保护行政主管部门给出的总量控制范围内。建设规模的确定，既要考虑当地环境的承受能力，还要考虑企业污染物总量控制的可能性。按照可获得的自然环境条件考虑建设规模。

（4）经济技术社会条件。应将拟选技术对应的标准规模、主导设备和装置制造商的水平，结合资金的可获得性、产业政策、投资政策、民族关系、军事国防等因素综合考虑。依托老企业进行改扩建与技术改造的项目应充分研究拟建项目生产规模与企业现有生产规模的关系,利用现有场地、公用工程和辅助设施的可能性等因素,确定建设规模。

6.2.2.3 确定建设规模的主要方法

(1)经验法。经验法是指根据国内外同类或类似项目的经验数据,考虑建设规模的制约和决定因素,确定拟建项目建设规模的一种方法。

采用该方法时,应首先找出与该项目相同或类似的项目,特别是要找出几个规模不同的项目,根据本章6.3节介绍的方法选择相应的方法和指标进行计算比较,然后依据计算结果并综合考虑制约和决定该项目拟建规模的各种因素,确定一个适当的规模。

(2)生存技术法。使用该法时,需先将某一行业按规模分类,然后计算各时期不同规模企业所占份额及其变化,以此判断拟建项目规模的效率和生存能力。相比经验法,生存技术法对项目评估人员的要求更高。

(3)规模效果曲线法。规模效果曲线法是通过不断扩大拟定的建设规模,研究项目的销售收入与成本曲线随之变化的情况,来确定项目最适宜的建设规模的一种方法。具体参照盈亏平衡图来判断,综合考虑盈亏平衡点、规模经济区、边际收入、边际成本等选择建设规模。

6.2.2.4 建设规模的合理性分析

建设规模合理性分析,主要从产业政策和行业特点的符合性、资源利用的合理性、建设条件的匹配性与适应性、收益的合理性等方面考虑比选。

(1)产业政策和行业特点的符合性。项目建设规模是否符合国家和行业的产业政策、相关规划和准入条件是考虑其合理性的首要因素。此外,还应参考国际惯例或世界公认的标准,分析与行业特点的符合性。

(2)资源利用的合理性。主要考虑资源利用的可靠性、有效性、经济性,要减量化优先,坚持技术可行、经济合理和有利于节约资源、保护环境的要求。

(3)建设条件的适应性与匹配性。项目的建设规模应与其建设条件相适应、相匹配。确定项目的建设规模要分析建设规模与目标市场及竞争力水平的适应性;分析外部配套条件的适合性和满足性,实现稳定、可靠、价格合理的匹配;分析公用工程等配套设施建设的匹配性、合理性、经济性。

(4)收益的合理性(经济性)。项目建设规模的经济性问题,是建设方案总体研究时需要考虑的重要问题。研究建设规模时,应分析不同规模引起收益的变动情况,分析收益的合理性,最大限度地实现服务最佳化、费用最低化、效益最大化。

对于改扩建和技术改造项目,还应分析建设规模与现有装置的有效结合和匹配情况。建设规模应立足于产品结构的调整和升级,充分考虑原有装备和设施的有效利用,以求最佳生产能力的配置。

6.2.3 生产工艺技术及设备选择

6.2.3.1 生产工艺技术方案

(1)生产工艺技术选择的原则。

① 先进性和前瞻性。技术的先进性主要体现在产品质量和性能好、工艺水平高、装备

自动控制程度和可靠性高。

② 适用性。适用性主要体现在与项目的生产规模相匹配，与原材料路线、辅助材料和燃料相匹配，与设备（包括国内和国外供应设备，主要设备和辅助设备）相匹配，与资源条件、环保要求、经济发展水平、员工素质和管理水平相适应，与项目的建设规模相适应。

③ 可靠性。可靠性是指生产工艺技术成熟。可靠性体现在能生产出合格的产品，实现建设项目目标。

④ 安全性。项目所采用的技术，在正常使用中应确保安全生产运行。

⑤ 经济合理性。经济合理性体现在工艺技术流程短、设备配置合理、自动化程度高、工序紧凑、均衡、协调，物流输送距离短，投资小、成本低、利润高。

⑥ 技术来源可靠性。技术来源可靠性体现在技术持有者信誉好，并愿意转让技术，转让条件合理，知识产权经过确认。

⑦ 符合清洁生产要求。清洁生产体现了集约型的增长方式和发展循环经济的要求。

（2）生产工艺技术方案比选。

① 生产工艺技术方案比选的主要内容。在研究生产工艺技术方案时，主要包括对各技术方案的先进性、适用性、可靠性、可得性、安全环保性和经济合理性等进行论证。

选择生产工艺技术应在遵循上述原则的前提下通过多方案比选来完成，其具体内容与行业特点有关。一般情况下包括技术特点、原料适应性、工艺流程、关键设备结构及性能、产品物耗和能耗、控制水平、操作弹性、操作稳定性、本质安全和环保、配套条件、建设费用和运营费用、效益等诸多方面。要突出创新性，重视对专利、专有技术的分析。要突出技术特点，具有针对性。

生产工艺技术往往与主要设备（专利设备）相关联，因此，生产工艺技术方案比选也可能包括关键的主要设备比选。

② 生产工艺技术方案比选方法。一般采用定性分析和定量分析相结合的方法。

a.需要对比的技术指标有原材料和辅助材料的物耗指标，能源消耗指标，产品收率，原材料损失率，产品质量（包括高附加值产品产率等）。

b.需要对比的综合指标有占地面积、定员等。

c.工艺技术的风险因素分析，包括影响技术先进性、适用性和可靠性的因素，未来被其他新技术替代、淘汰的可能性，国家产业发展和环境保护政策等的影响。

d.需要对比的经济指标有单位产品成本，单位产品投资，技术使用权费用等。

e.全厂性的项目（或联合项目）要进行全厂总工艺流程方案、生产单元及规模、生产单元组成布置、全厂物料平衡对比。

f.选用国内外开发的新技术，应有符合正式审批程序的工业化技术鉴定和相应的技术许可证。

g.从与建设规模相适应的程度，主要设备之间、主要设备与辅助设备之间能力的相互配套性，以及设备质量、性能等方面，总结各设备配置方案的优缺点。

h.选用技术设备，应掌握国内外同类技术设备的成交价格；要进行设备软件和硬件在内的专有技术和专利技术比较，重视设备结构和材质的创新。

i.对利用和改造原有设备的技术改造项目，提出各种对原有设备的改造方案，并分析各方案的效果。

j. 对国内外新开发的，并尚未实现工业化的技术和设备，应着重论证其工业化的可行性，并保证其投资估算误差在合理范围内。

k. 各设备配置方案的风险分析应从各方案关键设备的制造、运输、安装和项目建设进度的匹配，以及运行中的可靠性和耐用度、安全和环保等方面进行对比。

l. 推荐方案的工艺流程应标明主要设备名称和主要物料、燃料流量及流向。项目属一次规划、分期建设、分期投产的，应有分期流程的说明和流程图。

③ 推荐生产工艺技术方案。比选后提出推荐方案，对所推荐的工艺技术和设备方案要详细说明理由，包括对产品质量、销售与竞争、项目效益的影响等。技术改造项目技术方案的比选论证还要和企业原有的技术进行比较。应绘制主要工艺流程图，编制主要物料平衡表，车间（或者装置）组成表，主要原材料、辅助材料及水、电、气等公用工程的消耗定额表。

6.2.3.2 技术设备方案

生产设备与工艺技术方案密切相关。工艺技术方案确定之后，需要对主要设备进行研究论证、比选，以保证工艺技术方案的实施。设备方案包括设备的规格、型号、材质、数量、来源、价格等。技术改造项目要对被改造或替换的关键设备的现状、改造目的、改造原因进行说明。

（1）设备选择考虑的主要因素。设备选择的具体要求如下所示：

① 根据工艺技术和生产能力研究选用主要设备，设备满足生产能力、生产工艺和产品技术标准要求。

② 优先选用国内已经生产并能达到工艺要求、质量可靠、性能先进的国产设备；设备要在符合国家或行业技术标准规范的前提下，实现长周期稳定运行。在保证设备性能的前提下，力求经济合理。

③ 在考虑设备引进时，要研究工艺上使用的成熟可靠性，技术上先进性和稳定性；对关键设备，特别是新设备要研究在样板厂的使用情况（要注意不把建设项目建成一个实验工厂）；充分考虑引进制造技术或合作制造、零配件的国内供应以及超限设备运输可能性。

④ 引进设备与国产设备、不同国家及不同制造商制造设备、技术改造项目与原有设备要相互匹配；主要设备之间、主要设备与其他设备之间应相互适应。

⑤ 设备选用应符合安全、节能、环保的要求，尽可能选择节能设备。

⑥ 对二手设备的选用要慎重。经论证确实需要引进二手设备时，需说明对二手设备的考察情况（考察报告应作为可行性研究报告的附件）、引进理由，二手设备技术水平，能耗水平，环保及安全指标，利用改造措施及投资，并与当时水平的同类设备进行经济技术比较。

⑦ 设备选用应考虑管理与操作的适应性。考虑设备的日常维护与保养，零部件的更换和维修的方便性。

（2）设备采购方案类型。

① 国内有成熟制造经验且有应用业绩的设备由国内采购。

② 已经市场化、国内有制造能力的设备，采用公开招标方式。进行国内外采购，同等条件下国内优先。

③ 国内尚无制造业绩的某些关键设备，可采用引进技术、合作制造方式采购。在确定由国内制造时，需在行业主管部门与有关制造方的协调下进行技术论证，优化并落实制造方

案，同时研究分析设备国产化带来的风险，提出规避措施。

④ 尚无制造业绩的新设备，通过招标确定开发研究企业进行设备研发，通过技术论证后批量制造使用。

（3）设备方案比选。在调查研究国内外设备制造、供应以及运行状况的基础上，对拟选的主要设备做多方案比选，提出推荐方案。

① 比选内容。主要设备比选，一般从设备参数、性能、物耗和能耗、环保、投资、运营费用、对原料的适应性、对产品质量的保证程度、备品备件保证程度、安装试车技术服务等方面进行论证。

② 比选方法。根据设备选择的要求，主要采用定性分析的方法决定，必要时可以采用定量分析的方法。定性分析是将各设备方案的内容进行对比分析，择优选取。定量分析一般根据投资和运营消耗，通过计算运营成本、寿命周期费用现值和差额投资回收期等指标，择优选取。

③ 推荐方案。主要设备是指生产流程中的重要设备。在推荐方案中，要按装置分别叙述所选设备的名称、规格、型号、数量和来源。一般设备在可行性研究阶段，可不作详细论述。

对技术改造项目说明设备改造原因、改造部位、技术来源，列出包括确定改造的和准备利用的、完整的装置设备一览表。对特定项目、高新技术项目、利用国家资金等项目，设备表中应列出设备价格，并说明价格来源；对于某些特殊要求项目，单价比较高的设备要进行单独论证。

6.2.3.3 高新技术工艺方案选择研究

高新技术项目可以有明显的社会经济效益，主要表现在有助于解决资源短缺、环境恶化等问题，有利于加速技术更新，有利于促进经济增长，可以提高国家的综合国力。

采用高新技术应符合先进性、创新性、成熟性和实用性的要求。高新技术项目的技术工艺方案研究，要重点突出"高"和"新"。同时，要对高新技术产业投资的风险予以高度的重视。

6.2.4 选择项目场（厂）址

6.2.4.1 影响项目选址的主要因素

影响项目选址的主要区域因素有六项，其影响随项目性质不同可能不同，因此不同工程地址有不同侧重。

（1）自然因素。自然因素包括自然资源条件和自然条件。自然资源条件包括矿产资源、水资源、土地资源、能源、海洋资源、环境资源、人力资源、社会资源等；自然条件包括气象条件、地形地貌、工程地质、水文地质等。

（2）交通运输因素。交通运输因素是指供应和销售过程中用车、船、飞机以及管道、传送带等对物资的运输，包括当地的铁路、公路、水路、空运、管道等运输设施及能力。

（3）市场因素。市场因素包括产品销售市场、原材料市场、动力供应市场，场（厂）址距市场的远近。它不仅直接影响项目的效益，也涉及产品或原料的可运性，在一定程度上会影响产品或原料种类选择。

（4）劳动力因素。劳动力因素包括劳动力市场与分布、劳动力资源、劳动力素质、劳动力费用等。劳动力因素与生产成本、劳动效率、产品质量密切相关，会影响项目高新技术的应用和投资者的信心。

（5）社会和政策因素。社会因素包括地区分类和市县等别，经济社会发展的总体战略布局，少数民族地区经济发展政策，西部开发、中部崛起、振兴东北老工业基地政策，发展区域特色经济政策，国家级及地方经济技术开发区政策，东部沿海经济发达地区政策，国防安全等因素。建设项目对公众生存环境、生活质量、安全健康带来的影响及公众对建设项目的支持或反对态度，都影响着项目的场（厂）址选择。

（6）集聚因素（工业园区或工业集中区）。拟选地区产业的集中布局与分散，反映了拟选地区的经济实力、行业集聚、市场竞争力、发展水平、协作条件、基础设施、技术水平等。集中布局能带来集聚效应，实现物质流和能量流综合利用，能有效地减少产品成本、降低费用。集中布置使得大型"公用工程岛"的建设成为可能，能最大限度地降低水、电、气成本，有利于"三废"的综合治理，提高环境友好水平等。集聚效应会带来大型化、集约化和资源共享，节约建设投资，减少建设周期。

6.2.4.2 项目选址的原则及注意事项

（1）选址的基本原则。

① 符合国家和地区规划要求。要妥善处理全局与局部的关系，布局合理、发展平衡，做到全面考虑，统筹安排。

② 符合城市（乡、镇）总体规划、土地利用总体规划等的要求。重视节约用地和合理用地，充分利用荒地、劣地。

③ 有可供选择利用的固体废物的存放场地、污水排放口及纳污水体场所，有省市规定的危险废弃物处置场所。

④ 有丰富可靠（或靠近）的原料供应市场和产品销售市场，减少运输环节；有充足的水源和电源。

⑤ 有便利的外部交通运输条件、交通联结。

⑥ 有利于生产协作和上下游加工一体化，有利于原料资源的合理利用，防止资源浪费。

⑦ 场（厂）址地形地貌要适合项目特点。对适合多层标准厂房生产的工业项目，应进入当地多层标准厂房，一般情况下不宜另选场（厂）址。

⑧ 有良好的社会经济环境、可依托的基础设施和方便的生活服务设施。

⑨ 有良好的工程地质、水文地质、气象、防洪防涝、防潮、防台风、防地质灾害、防震等条件。

⑩ 环境条件良好，有一定的环境容量和纳污能力。工程建设和生产运营不会对公众利益造成损害。

（2）选址的注意事项。

① 要贯彻执行国家的方针政策、遵守有关法律和规定。避开国防军事禁区、空港控制范围区、泄洪区或洪水淹没区、地下可能有文物存在的地区。

② 要听取当地政府主管部门，如规划、建设、安全消防、土地管理、环境保护、交通、地质、气象、水利、电力、文物管理等部门的意见。

③ 要充分考虑项目法人对场（厂）址的意见。

④ 在工程地质条件方面，尽可能避开存在不良地质现象且对场地稳定性有直接危害或潜在威胁的区域，地基土性质严重不良的区域，地下有未开采的有价值矿藏或未稳定的地下采空区及泥石流多发区等。

⑤ 避开对工厂环境、劳动安全卫生有威胁的区域，如有严重放射性物质或大量有害气体的地域，传染病和地方病流行区域，有爆破作业的危险区等。

6.2.4.3 场（厂）址比选的内容

场（厂）址比选的主要内容包括建设条件比较、投资费用（建设费用）比较、运营费用比较、运输条件和运输费用比较（一般含在建设条件、运营费用比较中）、环境保护条件比较和安全条件比较等。但项目不同，所选的比较内容和侧重点也应有所不同。

（1）建设条件的比较。场（厂）址的建设条件包括地理位置、土地资源、地势条件、工程地质条件、土石方工程量条件、动力供应条件、资源及燃料供应条件、交通运输条件、生活设施及协作条件等。建设条件的比较见表 6-2。

表 6-2 建设条件比较表

序号	比较内容	场（厂）址			备注
		方案 1	方案 2	方案 3	
一	场（厂）址位置				
1	与土地利用总体规划的关系				
2	与城市总体规划的关系				
3	拆迁工程量				
二	土地资源				
1	用地总规模 / 公顷				
1.1	基本农田				
1.2	基本农田以外耕地				
1.3	其他土地				
2	发展条件				
三	厂区地势				
1	地势走向				
2	地势高差 /m				
四	地质条件				
1	土壤种类				
2	地基承载力 /kPa				
3	地下水深度 /m				
4	区域稳定情况及地震烈度				
五	土石方（填、挖）工程量 / ($\times 10^4 m^3$)				
1	挖方工程量 / ($\times 10^4 m^3$)				

续表

序号	比较内容	场（厂）址			备注
		方案1	方案2	方案3	
2	填方工程量/（×10⁴m³）				
六	动力供应条件				
1	水源及供水条件				
1.1	自来水				
1.2	地表水				
1.3	地下水（含矿井水）				
2	排水条件				
2.1	地区污水处理厂				
2.2	纳污水体（自建蒸发塘）				
2.3	距排污口（自建蒸发塘）距离/km				
3	电力				
3.1	电源点规模				
3.2	电源点至场（厂）址距离				
4	供热				
4.1	地区热源厂及至场（厂）址距离/km				
4.2	燃料种类				
4.3	燃料供应点至场（厂）址距离/km				
5	消防站点至场（厂）址距离/km				
七	交通运输条件				
1	铁路				主要是有无铁路专用线的建设、接轨条件
1.1	接轨条件				
1.2	专用线长度/km				
2	公路				指是否可以衔接现有的高速、国道、省道、进入国家公路路网
2.1	连接条件				
2.2	连接路线长度/km				
3	水运				
4	航空				
5	管道				
八	施工条件				
九	生活条件				
十	区域经济				
十一	市场环境				
十二	政策环境				

（2）投资费用的比较。包括场地工程、基础工程、运输工程、动力供应及其他工程等费用。

（3）运营费用的比较。主要包括不同场（厂）址带来的原材料费、燃料运输费、产品运输费、动力费、排污费和其他运营费用方面的差别。

（4）环境保护条件的比较。环境保护条件包括场（厂）址位置与城镇规划关系、与风向关系、与公众利益关系等。

（5）场（厂）址的安全条件论证比较。生产、储存有危险化学品的项目，按照《危险化学品建设项目安全许可实施办法》的规定，建设场（厂）址应位于"直辖市及设区的市、地区、盟、自治州人民政府批准的规划区域内"，应当对拟建场（厂）址进行安全条件论证；安全条件论证在场（厂）址选择阶段，可以以比较表的形式进行初步论证，在可行性研究阶段应形成"安全条件论证报告"。

6.2.4.4　比选结论（项目选址意见）

通过方案比较，编制场（厂）址选择报告，提出场（厂）址推荐意见。应描述推荐方案场（厂）址概况、优缺点和推荐理由，以及项目建设对自然环境、社会环境、交通、公用设施等的影响。选址方案的位置图应标明原料进厂方式和路线、水源地、进厂给水管线、热力管线、发电厂或变电所、电源进线、灰渣场、排污口、铁路专用线、生活区等位置，供主管部门和项目法人审批。

对有可能导致地质灾害发生的工程项目建设和在地质灾害易发区内进行工程建设，在申请建设用地之前必须进行地质灾害危险性评估。

地质灾害危险性评估包括下列内容：工程建设可能诱发、加剧地质灾害的可能性；工程建设本身可能遭受地质灾害危害的危险性；拟采取的防治措施等。对经评估认为可能引发地质灾害或者可能遭受地质灾害危害的建设工程，报告编制和评估单位有责任提出应配套建设地质灾害治理工程，地质灾害治理工程的设计、施工和验收应与主体工程的设计、施工、验收同时进行。

6.2.5　原材料与燃料供应

6.2.5.1　原材料供应分析

对原材料的供应分析，应着重注意以下几个方面。

（1）原材料的品种、质量、性能分析（含物理性能和化学成分）。

（2）原材料需求量。根据项目产品方案提出的产品的品种、规格，以及建设规模和物料消耗定额，分析计算各种物料的年消耗量。根据生产周期、生产批量、采购运输条件等，计算各种物料的经常储备量、保险储备量、季节储备量和物料总储备量，作为生产物流方案（含运输、仓库等）研究的依据。

（3）原材料供应多种方案比较。外购原料的项目应对原料供应和价格进行预测，分析供应商的概况、供应周期、供应方案、数量的稳定性与可靠性等情况。内供原材料的项目，应计算说明有关生产单位之间的物料平衡，并提出优选方案。矿产开采项目和以矿产资源为原料的项目，其资源储量、品位及开采厚度、利用条件等，须经自然资源部评审备案。

（4）对于稀缺的原料还应分析其来源的风险和安全性，包括原料质量和数量的变化，市场价格的变化，以及运输安全便捷性与经济合理性分析。

（5）涉及原料进口的项目，若存在进口配额、贸易权限等法律规定，应当说明与分析。

6.2.5.2 燃料供应分析

项目所需的燃料包括生产工艺、公用和辅助设施、其他设施所用燃料。燃料供应方面应分析以下内容。

（1）根据项目所在地区的燃料构成和项目对燃料类别的特殊需求，进行经济、技术比较，确定燃料类别和质量指标，计算所需燃料数量。

（2）根据燃料类别、质量、数量、供应的稳定性和可靠性，研究燃料来源、价格、运输条件（含距离、接卸方式、运输设备和运输价格等），进行方案比选。对大宗燃料，应与拟选供应商、运输公司签订供应意向书和承运意向书。需要特殊运输方式和特殊保护措施的辅助材料供应方案，须重点说明。

（3）研究所选辅助材料和燃料被替代的可能性与经济性。对于工艺有特殊要求的辅助材料及燃料应分析其品种、质量、性能能否满足工艺和生产要求。

6.2.5.3 主要原材料、燃料供应方案比选

主要原材料、燃料供应方案应进行多方案比选。比选的主要内容有以下几个方面。

（1）满足生产要求的程度，即原材料、燃料在品种、质量、性能、数量上能否满足项目建设规模、生产工艺的要求。

（2）采购来源的可靠程度，包括原材料、燃料供应的稳定程度（包括数量、质量）和大宗原材料、燃料运输的保证程度。

（3）价格和运输费用是否经济合理。

（4）比选后推荐方案。

6.2.6 总图运输方案

6.2.6.1 总图运输方案研究

（1）总图运输方案研究的依据。总图运输方案研究主要是依据确定的项目建设规模，结合场地、物流、环境、安全、美学等条件和要求对工程总体空间和设施进行合理布置。项目性质不同，总图运输方案考虑的侧重点也不同，要根据项目特点，考虑其特定因素。

（2）总体布置与厂区总平面布置。

① 总体布置要求。总体布置是对厂区（功能区）、居住区、相邻企业、水源、电源、热源、渣场、运输、平面竖向、防洪排水、外部管线及机械化运输走廊、发展预留用地、施工用地等进行全面规划。总体布置应符合城镇总体规划、工业园区布局规划，结合工业企业所在区域的自然条件等进行。要满足生产、运输、防震、防洪、防火、安全、卫生、环境保护和职工生活设施的需要，经多方案技术经济比较后择优确定。分期建设时，要正确处理近期和远期的关系。

② 厂区总平面布置要求。厂区总平面布置是在总体布置的基础上，根据工厂的性质、规模、生产流程、交通运输、环境保护、防火、防爆、安全、卫生、施工、检修、生产、经营管理、厂容厂貌及发展等要求，结合当地自然条件、场外设施分布、远期发展等因素，紧凑、合理地布置，经方案比较后择优确定。

（3）竖向布置。厂区竖向布置主要是根据工厂的生产工艺要求、运输要求、场地排水以及厂区地形、工程地质、水文地质等条件，确定建设场地上的高程（标高）关系，合理组织场地排水。竖向布置有以下要求。

① 竖向布置应与总体布置和总平面布置相协调，并充分利用和合理改造厂区自然地形，为全厂各区提供合理高程的用地。

② 满足生产工艺、场内外运输装卸、管道敷设对坡向、坡度、高程的要求。

③ 充分利用地形，选择相适应的竖向布置形式，合理确定建筑物、构筑物和铁路、道路的标高，避免深挖高填，力求减少土石方工程量，保证物流、人流的良好运输与通行。

④ 保证场地排水通畅，不受潮水、内涝、洪水的威胁。

（4）运输。运输是物流活动的核心。运输活动包括供应和销售过程中用车、船、空运及管道、传送带方式对物资的输送。可行性研究阶段要确定原料供应物流和销售物流的运输方案（即厂外运输方案），同时，确定生产物流的运输方案（即厂内运输方案）。

① 厂外运输方案。根据厂外运进、厂内运出的实物量、物态特性、包装方式、产地、运距、可能运输方式，通过经济技术比较，确定并推荐运输方式，编制厂外运输量统计表。对大宗货物的铁路、水路运输，要分析铁路、航道的运输能力，并附承运部门同意运输的"承运意见函"。相关表格具体形式，如表6-3所示。

表6-3 承运意见函表

序号	货物名称	货运量	起点	终点	运距	运输方式	备注
一	场外运入						
1							
2							
	合计						
二	场外运出						
1							
2							
	合计						
	总计						

厂外运输方案的技术经济比较随项目而异。仅有一种运输方式时，可不做比较。可能有公路运输、铁路运输、水运、管道运输、皮带运输等多种方式时，要通过技术经济比选确定较优的运输方式。

② 厂内运输方案。根据项目生产的特点和生产规模、货物运输的要求、运输距离的长短等，经技术经济比选来确定厂内运输方式。

（5）厂区道路。厂区道路方案设计的内容包括道路形式、路面宽度、纵坡及道路净空的确定，以及路面结构的选择。其深度需满足总平面布置、土石方量计算和投资估算的要求。

道路布置应符合有关规范，满足生产（包括安装、检修）、运输和消防的要求，使内外货物运输顺畅、人行方便，合理分散物流和人流，尽量避免或减少与铁路的交叉，使主要人流、物流路线短捷，运输安全，工程量小。

（6）绿化。厂区绿化布置是总平面布置的内容之一。工业项目应按照自然资源部现行

《工业项目建设用地控制指标》的规定，严格控制厂区绿化率，用地范围内不得建造"花园式工厂"，同时，工厂的绿地率应符合有关标准和规范。

6.2.6.2 总图运输方案比选

厂区总平面布置的技术经济指标应执行自然资源部现行《工业项目建设用地控制指标》的规定。工业项目建设用地控制指标包括：投资强度、容积率、建筑系数、场地利用系数、绿地率和行政办公及生活服务设施用地所占比重。严禁在工业项目用地范围内建造成套住宅、专家楼、宾馆、招待所和培训中心等非生产性配套设施，工业企业内部一般不得安排绿地。但因生产工艺等特殊要求需要安排一定比例绿地的，绿地率不得超过20%。总图技术经济指标可用于多方案比较或与国内外同类先进工厂的指标对比，以及进行企业改扩建时与现有企业指标对比，可以用于衡量设计方案的经济性、合理性和技术水平。

总图运输方案比选应对总图布置方案从技术经济指标和功能方案角度进行比选，择优推荐。

（1）技术指标比选。

（2）总图布置费用比选。

（3）功能比选。主要比选生产流程的短捷、流畅、连续程度，项目内部运输的便捷程度以及安全生产满足程度等。

（4）拆迁方案比选。对拟建项目占用土地内的原有建筑物、构筑物的数量、面积、类型、可利用的面积、需拆迁部分的面积、拆迁后原有人员及设施的去向、项目需支付的补偿费用等进行不同拆迁方案的比选。

（5）运输方案的比选。运输方案主要是在满足生产功能条件的前提下，进行技术经济比选。

（6）其他内容比选。

6.2.7 公用与辅助配套工程方案

工程项目的配套工程是项目建设方案的重要部分，包括公用工程、辅助工程和厂外配套工程等。公用和辅助工程一般包括：给水、排水、供电与通信工程，供热工程及空调、采暖、通风等系统，维修设施，仓储设施。厂外配套工程通常包括：防洪设施（如防潮防浪堤、防洪坝、导洪坝等）、铁路专用线、道路、业主码头、水源及输水管道、排水管道（包括污水管道、雨水和清净废水管道）、供电线路及通信线路、供热及原材料输送管道、厂外仓储及原材料堆场、固体废物堆场、危险废物填埋场或处置场、固体物料输送工程等。工程项目的配套工程必须做到方案优化、工程量明确。

6.2.8 土建工程方案

土建工程方案选择是在已确定工程项目建设规模和技术、设备方案的基础上，按照适用、经济、美观的原则，比选项目的主要建筑物的建造方案，包括建筑形式、建筑结构、建筑风格、建筑材料、建筑工程量等。不同类型的工程项目，工程方案选择内容不同。实际工作中，应根据项目所处的行业，按照行业规范要求选择。

6.2.8.1 基本要求及研究内容

（1）基本要求。

①满足生产使用功能要求。确定项目的工程内容、建筑面积和建筑结构时，应满足生

产和使用的要求。分期建设的项目，应留有适当的发展。

② 适应已选定的场址（线路走向）。在已选定的场址（线路走向）的范围内，合理布置建筑物、构筑物，以及地上、地下管网的位置。

③ 符合工程标准规范要求。建筑物、建筑结构和所采用的建筑材料，应符合政府部门或者专门机构发布的技术标准规范要求，确保工程质量。

④ 经济合理。工程方案在满足使用功能、确保质量前提下，力求降低造价，节约建设资金。技术改造项目的工程方案，应合理利用现有场地、设施，力求新增的设施与原有设施相协调。

（2）研究内容。

① 一般工业项目的工程方案。一般工业项目的工程方案的厂房、工业窑炉、生产装置、公用工程装置及辅助装置等建筑物、构筑物的工程方案，主要研究其建筑特征（面积、层数、高度、跨度），建筑物、构筑物的结构形式，特殊建筑要求（防火、防爆、防腐蚀、隔声、隔热、防渗等），大型油罐及建筑物、构筑物的基础工程方案，抗震设防措施等。

② 民用建筑的工程方案。民用建筑按使用功能可分为住宅建筑和公共建筑两大类。包括居住建筑、办公建筑、学校建筑、图书建筑等。一般民用建筑的工程方案主要研究建筑物形式、体量、结构的选择。具体包括：按照适用、经济、美观的原则，结合建设场地的具体条件，提出建筑物结构形式、平面尺寸及层数、建筑高度、道路连接、与城市基础设施配套衔接等措施和设计方案；提出符合城市规划确定的用地性质要求的建筑密度、容积率和绿化率等各种建筑指标；对不良地质地段的建（构）筑物提出基础和工程处理措施；根据地震烈度提出合适的设防措施；提出利用现有建（构）筑物的方案和具体改造措施；根据当地地域特色和行业特色，提出标志性建筑物的建设方案；提出建筑物给排水、暖通空调、电气等设施建设方案；提出利用节能材料和当地建筑材料的意见；按照建筑面积、结构形式计算并列出建设项目钢材、木材、水泥用量等。广泛采用新结构、新构件、新材料，充分利用当地材料。对大型建筑物、重要建筑物采用的工程方案应通过经济技术比选确定，以节约建筑投资，做到技术先进、经济合理、安全适用、施工方便。

其他的开采、公路、铁路和其他线路项目以及水利水电枢纽工程同样有地面配套工程方案，该方案研究应根据一般工业工程方案的选择，并结合各自工程的特点确定。

6.2.8.2 防震抗震与地震安全性评价

（1）防震抗震。根据所在区域地震历史概况，结合工程特点，按照抗震设防要求和抗震设计规范，制定切实可行的防震抗震措施，工程建设项目需按《中华人民共和国防震减灾法》《建设工程抗震设防要求管理规定》《中国地震活动参数区划图》《建筑物抗震设计规范》《建筑工程抗震设防分类标准》及行业标准规范等要求进行抗震设计。

（2）地震安全性评价。根据《地震安全性评价管理条例》规定：国家重大建设工程；受地震破坏后可能引发水灾、火灾、爆炸、剧毒或者强腐蚀性物质大量泄露或产生其他严重次生灾害的建设工程，包括水库大坝、堤防和贮油、贮气、贮存剧毒或者强腐蚀性物质的设施以及其他可能发生严重次生灾害的建设工程；受地震破坏后可能引发放射性污染的核电站和核设施建设工程；省、自治区、直辖市认为对本行政区域有重大价值或者有重大影响的其他建设工程必须进行地震安全性评价。地震安全性评价报告应报送国务院地震工作主管部门或者省、自治区、直辖市人民政府负责管理地震工作的部门或者机构审定。

地震安全性评价报告应当包括：工程概况和地震安全性评价的技术要求、地震活动环境评价、地震地质构造评价、设防烈度或者设计地震动参数、地震地质灾害评价、其他有关技术资料。

6.3 建设方案比选方法

建设方案的比选工作可以分为两个阶段。第一阶段是方案的绝对效果分析，即首先对参与比选的每个方案进行分析，要求各方案应满足基本需求，技术和经济上满足基本的入选条件。在此基础上，进行第二阶段的相对效果分析，即进行方案间的比选。绝对效果分析的目的是淘汰不符合入门标准的方案；相对效果评价的目的是对符合入门标准的方案进行优劣排序和方案组合。

在建设方案比选时，由于方案之间的相互关系不同，比选方法、选择和判断的尺度也会不同。首先需分清建设方案间的关系类型，按照方案的关系类型确定适合的比选方法和指标。方案间的关系包括独立型、互斥型、互补型、相关型、从属型、混合型。

6.3.1 建设方案关系类型及比选方法

6.3.1.1 建设方案的类型

根据方案相互间的关系，建设方案可分为独立型方案（单一方案）和多方案两种。多方案又可分为互斥型方案、互补型方案、从属型方案、相关型方案和混合型方案。

（1）独立型方案。独立型方案是指项目各个方案之间互不干扰、互不相关，某个方案入选与否与其他方案无关。对于独立型方案的比选，只需各自进行绝对效果评价，判断是否可行即可。

（2）互斥型方案。互斥型方案是指在若干备选方案中，各个方案彼此可以相互代替，方案具有排他性，选择其中任何一个方案，则其他方案必然被排斥。

（3）互补型方案。互补型方案是指在方案之间存在技术经济互补的方案。某一方案的接受有助于其他方案的接受。根据互补方案之间相互依存的关系，互补方案可能是对称的，也可能非对称的。如建设一个大型非港口电站，同时建设铁路、电厂，这两个项目无论在建设时间、建设规模上都要彼此适应，缺少其中任何一个项目，其他项目就不能正常运行，它们之间就是对称的互补型方案。如建造一座建筑物 A 和增加一个空调系统 B，建筑物 A 本身是有用的，增加空调系统 B 后使建筑物 A 更有用，但采用方案 A 并不一定要采用方案 B，它们之间就是非对称的互补型方案。

（4）从属型方案。在多个备选方案中，某个方案 Y 是否被接受取决于另外一个方案 X 是否被采纳，但即便是方案 X 被采纳，方案 Y 依旧可能不被接受。也就是说方案 X 不采用，方案 Y 肯定被拒绝，而采用方案 X，方案 Y 可能被接受，也可能被拒绝，此时方案 X 和方案 Y 之间是从属关系，方案 Y 从属于方案 X。

（5）相关型方案。相关型方案是指各个方案之间在技术经济、现金流量、资金使用等方面相互影响，不完全互斥也不完全依存，但任何方案的取舍会导致其他方案的变化。

（6）混合型方案。是指方案之间的相关关系可能包括上述类型中的多种组合。

6.3.1.2 建设方案比选方法的类型

在建设方案研究和比选过程中,应结合各相关因素,开展多层次、多方案分析和比选,以全面优化项目建设方案。从不同的角度出发,建设方案比选的方法一般可有以下几种基本类型。

(1)整体的和专项的方案比选(按范围)。按比选的范围分,建设方案比选可分为整体的和专项的方案比选。整体的方案比选是按各备选方案所含的因素(相同因素和不同因素)进行定量和定性的全面对比。专项的方案比选仅就所备选方案的不同因素或部分重要因素进行局部对比。

专项的方案比选通常相对容易,操作简单,而且容易提高比选结果差异的显著性。但如果备选方案在许多方面都有差异性,采用专项比选的方法工作量大,而且每个专项比选结果之间出现交叉优势,其比选结果呈多样性,难以决策,这时应采用整体方案比选方法。

(2)定性和定量的方案比选(按模型工具)。按比选所应用的模型工具分,项目(方案)可分为定性和定量的方案比选。定性方法主要依靠人的丰富实践经验以及主观的判断和分析能力,根据影响建设方案的各种因素,分析这些因素的影响程度,或者是把建设方案的各个方面与对项目的要求进行比较,分析建设方案对项目目标的满足程度,满足程度较高、负面影响较小的方案即是较优的建设方案。定量的方法核心是提出建设方案优化的数学模型,在定量的基础上评价建设方案的经济效益、环境效益和社会效益。

定性比选较适合于方案比选的初级阶段,在一些比选因素较为直观且不复杂的情况下,定性比选简单易行,如在场(厂)址方案比选中,由于环保政策的限制可能一票否决,没有必要比较下去,定性分析即能满足比选要求。在较为复杂的系统方案比选工作中,一般先经过定性分析,如果直观很难判断各个方案的优劣,再通过定量分析,论证其经济效益的大小,据以判别方案的优劣。有时,由于诸多因素如可靠性、社会环境、人文因素等很难量化,不能完全由技术经济指标来表达的,通常采用专家评议法,组织专家组进行定性和定量分析相结合的评议,采用加权或不加权的计分方法进行综合评价比选。

随着研究手段和方法的发展,建设方案比选的基本方法从早期的主观定性分析、定量分析、数学规划和优化发展到当前的模糊方法、遗传算法、层次分析法,实现了从单一目标局部分析发展到多目标系统分析,由静态分析到动态分析的进步。

6.3.2 建设方案的技术比选方法

针对不同的方案内容,建设方案的技术比选方法和侧重点各有不同。本节仅就常用的简单方法加以介绍。

(1)简单评分法。首先确定技术方案的评价体系指标和标准,可以根据项目的特点,采用技术先进性、适用性、可靠性、安全性和经济性等指标。其次,由专家对不同备选方案按照各评价标准进行评价,剔除不能满足最低要求的方案,然后对其他方案进行评分,打出分值。最后,对各项标准的评分值加总,即为该备选方案的评价总分;将不同的方案按总分排列,即可对各技术方案的优劣性进行排序。

(2)加权评分法。由于各项指标重要性程度不同,因此引入重要性系数,根据每个标准的重要程度的差异分别给予不同的权重,然后计算各方案的加权评价分,得出各方案的排序。

6.3.3 建设方案的经济比较

6.3.3.1 建设方案的经济评价指标

（1）经济评价指标体系。按照是否考虑时间价值可分为静态评价指标和动态评价指标两类。静态评价指标有：投资收益率（又分为总投资收益率和资本金净利润率），静态投资回收期，利息备付率，偿债备付率，资产负债率，流动比率，速动比率。动态评价指标有：净现值，净现值率，费用现值，净年值，费用年值，内部收益率，动态投资回收期，费用效益比。

（2）动态评价指标。动态评价指标是在对投资项目形成的现金流量按货币时间价值进行统一换算的基础上进行计算的各项指标。动态经济评价指标不仅考虑了资金的时间价值，而且以项目在整个寿命期收入与支出的全部经济数据为分析对象。因此，动态经济评价指标比静态经济评价指标更全面、更科学，其包括投资回收期（动态）、净现值、净现值率、内部收益率等。

① 动态投资回收期。在考虑资金价值的条件下，以项目每年的净收益的现值来回收项目全部投资的现值所需要的时间。

② 净现值（NPV）。净现值是按照设定的折现率，将项目计算期内各年发生的净现金流量折现到建设期期初的现值之和。

a. 净现值的判别准则。

Ⅰ. 单一方案。

若 NPV > 0，说明方案可行。因为这种情况说明方案实施后，除了能达到规定的基准收益率之外还能得到超额的收益。

若 NPV = 0，说明方案可考虑接受。因为这种情况说明方案正好达到了规定的基准收益率水平。

若 NPV < 0，说明方案不可行。因为这种情况说明方案达不到规定的基准收益率水平，甚至有可能会出现亏损。

Ⅱ. 多方案。满足 max（NPV ≥ 0）的方案为最优方案。

b. 净现值法的特点。

Ⅰ. 考虑了资金的时间价值，并考虑了整个计算期的现金流量，能够直接以货币额表示项目的盈利水平。

Ⅱ. 可以直接说明项目投资额与资金成本之间的关系。

Ⅲ. 计算简便，计算结果稳定。

Ⅳ. 必须先设定一个符合经济现实的基准折现率，而基准折现率的确定往往是比较复杂的。

Ⅴ. 对于寿命期不同的技术方案，不宜直接使用净现值指标评价。

Ⅵ. NPV 用于对寿命期相同的互斥方案的评价时，它偏好于投资额大的方案，不能反映项目单位投资的使用效率，可能出现失误，不能直接说明在项目运营期间各年的经营成果。

③ 净现值率（NPVR）。为了更好地考察资金的利用效率，通常采用净现值率作为净现值的辅助指标。净现值率是项目净现值与项目全部投资现值之比，是单位投资现值所能得到的净现值，它是一个考察项目单位投资的盈利能力的指标。净现值率主要用于进行多个独立方案备选时的优劣排序，净现值率克服了净现值易出现投资额大的方案的偏差。具体评价准

则如下。

a. 单一方案。

若 NPVR > 0，说明方案可行；若 NPVR = 0，说明方案可考虑接受；若 NPVR < 0，说明方案不可行。

b. 多方案。若寿命期相同进行多方案评价：净现值率越大，方案的经济效果越好。

④ 净年值（NAV）。净年值是通过资金等值计算，将项目的净现值 NPV 分摊到寿命期内各年的等额年值，与净现值是等效评价指标。

单方案时，NAV ≥ 0，方案可行；多方案进行选择时，NAV 越大的方案相对优越。净现值与净年值的评价其实是等效的，但是在处理某些问题时（如寿命期不同的多方案比选），用 NAV 就简便得多。

⑤ 内部收益率（IRR）。内部收益率又称为内部报酬率。简单地说，就是净现值为零时的折现率。内部收益率是项目在寿命期内，尚未回收的投资余额的获利能力。其大小与项目初始投资和项目在寿命期内各年的净现金流量有关，而没有考虑其他外部影响，因而称作内部收益率。在项目的整个寿命期内，按利率 IRR 计算，始终存在未能收回的投资，而在寿命期结束时，投资恰好被完全收回。净现值法必须事先设定一个折现率，内部收益率指标则不事先设定折现率，它将求出项目实际能达到的投资效率（即内部收益率）。在所有的经济评价指标中，内部收益率是最重要的评价指标之一，它是对项目进行盈利能力分析时采用的主要方法。IRR 反映了项目"偿付"未被收回投资的能力，它不仅受项目初始投资规模的影响，而且受项目寿命周期内各年净收益大小的影响，取决于项目内部。因此，IRR 是未回收资金的增值率。

a. 优点。内部收益率考虑了资金的时间价值以及项目在整个寿命期内的经济状况，直观地表明了项目的最大可能盈利能力和反映了投资使用效率的水平。净现值和净年值等都需要先设定一个基准折现率进行计算和比较，这样操作起来比较困难，因为基准收益率是比较难确定的。虽然国家已经确定了一些行业的基准收益率，但也不能满足目前市场的需求，还是有大量的行业和部门至今没有制定出可以参照的基准收益率。而内部收益率不需要事先确定基准收益率，使用起来方便得多。

b. 缺点。内部收益率计算起来比较麻烦，它需要大量与投资项目相关的数据，对于一些非常规投资项目往往有可能会出现多个或不存在内部收益率的情况，分析和判别起来比较困难。由于内部收益率是根据方案自身数据计算出的，所以不能直接反映资金价值的大小，对于独立方案采用内部收益率的方法来评价它的经济性和可行性还是非常方便的，但是进行多方案分析时，一般不能直接用于比较和选择。

6.3.3.2　工程建设方案类型

多方案经济评价方法的选择与建设方案的类型（即建设方案之间的相互关系）有关。按照方案之间经济关系的类型，多方案可以划分为以下几种：

（1）互斥型方案。当进行方案比选时，选择其中一个方案，则排除了接受其他方案的可能性。这类方案在实际工作中最常见到。互斥型方案可以指同一项目的不同备选方案，如一个建设项目的工厂规模、生产工艺流程、主要设备、厂址选择等；也可以指不同的投资项目，如进行基础设施的投资，又如体育馆或是图书馆；还可以指工业项目的投资，如工业项目投资是投资钢铁生产项目还是石油开采项目等。

（2）独立型方案。独立型方案是指在多个备选方案中，它们的现金流量是独立的，方案与方案之间没有任何联系，不具有相关性，也就是说在独立型方案中，选择任何一个方案并不要求放弃另外的方案。例如，某施工企业有四个项目需要进行招标，在人力、财力和物力都足够的情况下，同时进行四个工程的施工，在没有资金约束的条件下，这四个方案之间不存在任何的制约和排斥关系，它们就是一组独立方案。以上所述是指在无资源约束情况下的独立方案，因此称之为无资源限制的独立方案。很多情况下，方案选择大都可能遇到资源（资金、人力、原材料等）的限制，这种方案之间的关系就不是纯粹的独立关系。

（3）混合型方案。混合型方案是指项目组既存在互斥的关系又存在独立关系的方案。混合方案在结构上又可组织成两种形式。

（4）互补型方案。互补型方案是指存在依存关系的一组方案。执行一个方案会增加另一个方案的效益，方案之间存在互为利用、互为补充的关系。根据相互依存关系，互补型方案可分为对称型互补方案和不对称型互补方案。在对称型互补方案中，方案之间相互依存，互为对方存在的前提条件。例如，要开发一个小区，则必须同时修建公路来进行人员、材料的进出，那么，开发小区和修建公路项目无论在建设时间还是建设规模上都应该彼此适应、相辅相成，缺少其中一个，另一个就无法运行，这两者之间就是条件关系。不对称型互补方案中，其中某一个方案的存在是另一个方案存在的前提条件。例如，在大型商场设置餐饮和儿童娱乐设施会增加商场的收益，但餐饮和儿童娱乐设施并非是商场项目的必备条件。

（5）现金流量相关型方案。现金流量相关型方案是指在一组方案中，方案之间现金流量存在一定的影响。方案与方案之间不完全是排斥关系，也不完全是独立关系，但是一个方案的成立与否会影响其他方案现金流量的变化，从而也就影响了其他方案是否被采纳。

例如，在两地之间修建铁路和（或）公路，其中铁路项目和公路项目的关系就是典型的现金流量相关型关系，铁路和公路可以单独修建，也可以同时修建。但与独立方案不同，如果两个项目同时选择，那么由于交通分流的影响，每个项目的现金流量与单独选择该项目时的现金流量是不同的，要充分考虑两个项目的相互影响，合理估计影响后的现金流量。

6.3.3.3 互斥型方案的经济评价

（1）互斥型方案比较。

① 互斥型方案比较的原则。

a. 环比原则。采用环比的原则来减少比较次数，将各方案按投资额从小到大排序，依次比较，最终选出最优方案。

b. 差额分析原则。对不同的方案进行评价和比较必须从差额角度进行，即在投资额低的方案被证明是可行的基础上，计算两个方案的现金流量差，分析研究某一方案比另一方案增加的投资在经济上是否合算，得到相关的差额评价指标；再与基准指标对比，以确定投资大还是投资小的方案为最优方案。

c. 可比性原则。方案的可比性具体又分为资料数据的可比性，即数据资料收集整理法统一，定额标准、价格水平一致；时间上的可比性，即比较方案具有相同的计算期。

② 互斥型方案的评价步骤。

a. 绝对效果检验。考察备选方案中各方案自身的经济效果是否满足评价准则的要求。该步骤主要是采用相关经济评价指标进行检验，如静态投资回收期、净现值、净年值、内部收益率等。只有自身的经济效果满足了评价准则（静态投资回收期≤基准投资回收期，净现值≥0或净年值≥0，内部收益率≥基准收益率）要求的备选方案才能进入下一评价步骤。

b. 相对效果检验。在通过绝对经济效果检验的方案中进行评价选择，选出相对最优的方案，这一步也可称为选优。

（2）寿命期相同的互斥型方案经济评价。寿命期相同的互斥型方案经济评价常采用净现值（NPV）法。评价步骤如下：

a. 绝对经济效果检验：计算各方案的 NPV，并加以检验，若某方案的 NPV＝0，则该方案通过了绝对经济效果检验，可以继续作为备选方案，进入下一步的选优；若某方案的 NPV≤0，则该方案没有资格进入下一步的选优。

b. 相对经济效果检验：两两比较通过绝对经济效果检验各方案的净现值 NPV 的大小，直至保留净现值 NPV 最大的方案。

c. 选最优方案：相对经济效果检验后保留的方案为最优方案。

在互斥型方案比选中，可计算出各方案自身现金流量的净现值，净现值最大的方案即为最优方案。

（3）寿命期不同的互斥型方案经济评价。寿命期不同的互斥型方案经济评价常采用年值法。

当相互比较的互斥型方案具有不同的计算期时，由于方案之间不具有可比性，不能直接采用差额分析法或直接比较法进行方案的比选。为了满足时间上的可比性，需要对各备选方案的计算期进行适当的调整，使各方案在相同的条件下进行比较，才能得出合理的结论。

年值法主要采用净年值指标进行方案的比选，当各个方案的效益难以计量或效益相同时，也可采用费用年值指标。在年值法中，要分别计算各备选方案净现金流量的等额净年值 NAV 或费用年值，并进行比较，以净年值 NAV 最大（或费用年值最小）的方案为最优方案。年值法中是以"年"为时间单位比较各方案的经济效果，从而使计算期不同的互斥型方案间具有时间的可比性。

（4）寿命无限长互斥型方案经济评价。通常情况下，各备选方案的计算期都是有限的；但某些特殊工程项目的服务年限或工作状态是无限的，如果维修得足够好，可以认为能无限期延长，即其使用寿命无限长，如公路、铁路、桥梁、隧道等。

对这种寿命无限长互斥型方案的经济评价，直接采用年值指标择优选取。通常，先计算各个方案的年值，然后淘汰年值小于零的方案，最后选择年值最大的方案。

6.3.3.4 独立型方案的经济评价

（1）资金不受限制的独立型方案的经济评价。如果独立方案之间共享的资源足够多（没有限制），则任何一个方案的选择只与其自身的可行性有关，因此，只要该方案在经济上是可行的，就可以采用。因此，这种情况实际上就是单方案检验。当然需要指出的是，无资源限制并不是指有无限多的资源，而是资源足够多，可以满足所有方案的需要。在资源不受限制的条件下，采用单方案判断的方法，即如果独立方案的净现（年）值大于零，则方案可行。

（2）资金受限制的独立型方案的经济评价。如果独立方案之间共享的资源是有限的，不能满足所有方案的需要，则在这种不超出资源限制的条件下，独立方案的选择有两种方法：一是方案组合法，二是净现值率排序法。

方案组合法如下：

① 定义。在资源限制的条件下，按照排列组合的方法，列出独立方案所有可能的组合。所有可能的组合方案是互斥的，然后保留在组合方案中，净现值最大的一组所包含的方案即是独立方案的选择。方案组合法能够在各种情况下确保选择的方案组合是最优的，是以净现值最大化作为评价目标，保证了最终所选出的方案组合的净现值最大。

② 组合法进行方案选择的步骤如下。

a. 列出独立方案的所有可能组合，形成若干个新的组合方案（其中包括0方案，其投资为0，收益也为0），则所有可能组合方案形成互斥组合方案。

b. 每个组合方案的现金流量为被组合的各独立方案的现金流量的叠加。

c. 将所有的组合方案按初始投资额从小到大的顺序排列。

d. 排除总投资额超过投资资金限额的组合方案。

e. 对所剩的所有组合方案按互斥方案的比较方法确定最优的组合方案。

f. 最优组合方案所包含的独立方案即为该组独立方案的最佳选择。

6.3.3.5 混合型方案的经济评价

（1）无资金约束条件下的选择。由于各个项目相互独立，而且没有资金限制，因此，只要项目可行，就可以采纳。把各个独立型项目所属的互斥型方案进行比较然后择优，即只要从各个独立项目中选择净现值最大且不小于零的互斥型方案加以组合即可。

（2）有资金约束条件下的选择。

判别的步骤如下。

① 评价各方案的可行性，舍弃不可行的方案。

② 在总投资额不超过资金限额的情况下，进行独立方案的组合，并且在每个项目中只能选择一个方案。

③ 求每一组合方案的净现值或净年值。

④ 根据净现值最大或净年值最大选择最优的方案组合。

6.3.3.6 互补型方案的经济评价

对于对称型互补方案，如方案A和方案B互为前提条件，此时，应将两个方案作为一个综合项目（A+B）进行经济评价；对于不对称型互补方案，可以转化为互斥型方案进行经济评价和选择，例如教学楼建设方案和安装空调方案，可以转化为有空调的教学楼和没有空调的教学楼两个互斥型方案的比较问题。

6.3.3.7 现金流量相关型方案的经济评价

对于现金流量相关型方案的比选，常用的方法是通过方案组合的方法使各组合方案互斥化。与有资源限制的独立方案的比选不同的是，独立方案中，组合方案的现金流量是各独立方案现金流量的叠加，而现金流量相关型方案的组合方案的现金流量不是独立方案现金流量的叠加，而是考虑组合方案中各独立方案的相互影响，并对相互影响之后的现金流量进行准确估计。

第7章

资金申请报告

资金申请报告是建设项目前期工作的重要内容之一，是向政府申请政府资金支持、财政专项资金（简称专项资金）支持、国际金融组织或者外国政府贷款提交的主要申报文件。资金申请报告根据资金来源和性质不同，提交文件的内容和要求会有所区别。本章主要介绍财政资金支持项目资金申请报告、高科技产业化项目资金申请报告、国际金融组织贷款项目资金申请报告的编制目的和作用、编制依据、编制内容和要求，给出了财政补贴性资金支持项目资金申请报告、高科技产业化项目资金申请报告、国际金融组织贷款项目资金申请报告的编制大纲。

7.1 概述

7.1.1 资金申请报告的定义

资金申请报告是指项目投资者为获得政府资金支持、财政专项资金（简称专项资金）支持、国际金融组织或者外国政府贷款而编制的报告。

政府资金支持包括政府投资、无偿补助、奖励、转贷和贷款贴息等方式。专项资金支持形式多样，一般由行业主管部门根据需要提出或者设立，例如国家发展改革委主管的节能减排与循环经济发展专项资金、信息安全专项资金等，科技部主管的国家科技重大专项、863计划、973计划、支撑计划、产业化计划资金等，工信部主管的中小企业发展专项资金、电子信息产业发展基金等，农业农村部主管农业综合开发农业部专项资金等。国际金融组织或者外国政府贷款主要指世界银行、亚洲开发银行、国际农业发展基金会等国际金融组织贷款和外国政府贷款及与贷款混合使用的赠款、联合融资等。

政府资金支持和专项资金支持可分为国家级和地方级两个级别。国家级资金支持一般对资金申请报告的内容和深度有明确规定和要求，地方级资金支持参照执行或者适当简化。以下重点对申请国家级财政资金的资金申请报告进行表述。

资金申请报告的作用是从资金使用合理性角度，向政府回答项目财务的可行性以及项目对经济、社会、资源、环境等方面的影响和贡献。

7.1.2 资金申请报告的编制分类

根据资金来源和性质不同，现阶段有明确规定和要求的资金申请报告主要有以下三类：财政补贴性资金支持项目资金申请报告、高科技产业化项目资金申请报告、国际金融组织贷款项目资金申请报告。

7.1.2.1 财政补贴性资金支持项目资金申请报告

根据《中央预算内投资补助和贴息项目管理办法》，以投资补助和贴息方式使用中央预算内资金（包括长期建设国债投资），应编制资金申请报告。按照规定需要各级政府财政补贴、转贷、贷款贴息或资金支持的项目，应编制资金申请报告。

财政补贴性资金支持项目资金申请报告应包括以下内容：

（1）项目单位的基本情况和财务状况。
（2）项目的基本情况。
（3）申请投资补助或贴息资金的主要原因和政策依据。
（4）项目招标内容（适用于申请投资补助或贴息资金500万元及以上的投资项目）。
（5）国家发展改革委要求提供的其他内容。

财政补贴性资金支持项目资金申请报告报送时，应附送以下文件：

（1）政府投资项目的可行性研究报告批准文件。
（2）企业投资项目的核准或备案的批准文件。
（3）城市规划部门出具的城市规划选址意见（适用于城市规划区域内的投资项目）。
（4）国土资源部门出具的项目用地预审意见。
（5）环保部门出具的环境影响评价文件的审批意见。
（6）申请贴息的项目须出具项目单位与有关金融机构签订的贷款协议。
（7）项目单位对资金申请报告内容和附属文件真实性负责的声明。
（8）国家发展改革委要求提供的其他文件。

凡已经由国务院、国家发展改革委、省级和计划单列市发展改革部门审批或核准的投资项目，或者申请使用资金额在200万元以下的投资项目，可适当简化附件。

7.1.2.2 高科技产业化项目资金申请报告

根据《国家高技术产业发展项目管理暂行办法》，国家高技术产业化项目、国家重大技术装备研制和重大产业技术开发项目、国家产业技术创新能力建设项目、国家高技术产业技术升级和结构调整项目以及其他国家高技术产业发展项目，申请使用国家或地方政府投资资金补助时，应编制资金申请报告。

高科技产业化项目资金申请报告应包括以下内容：

（1）项目单位的基本情况和财务状况。

（2）项目的基本情况，包括项目背景、项目建设（研发）内容、总投资及资金来源、技术工艺、各项建设（研发）条件落实情况等。

（3）申请国家补贴资金的主要理由和政策依据。

（4）项目招标内容（适用于申请国家补贴资金500万元及以上的投资项目）。

（5）国家发展改革委项目公告或通知要求提供的其他内容。

高科技产业化项目资金申请报告报送时，可根据情况附以下相关文件：

（1）政府投资项目的可行性研究报告批准文件或企业投资项目的核准或备案的批准文件。

（2）技术来源及技术先进性的有关证明文件。

（3）城市规划部门出具的城市规划选址意见（适用于城市规划区域内的投资项目）。

（4）国土资源部门出具的项目用地预审意见。

（5）环保部门出具的环境影响评价文件的审批意见。

（6）金融机构出具的贷款承诺，申请贴息的项目还需出具项目单位与有关金融机构签订的贷款协议或合同。

（7）项目单位对项目资金申请报告内容和附属文件真实性负责的声明。

（8）国家发展改革委项目公告或通知要求提供的其他文件。

7.1.2.3 国际金融组织贷款项目资金申请报告

根据《国际金融组织和外国政府贷款投资项目管理暂行办法》，借用世界银行、亚洲开发银行、国际农业发展基金会等国际金融组织贷款和外国政府贷款及与贷款混合使用的赠款、联合融资等投资项目的项目用款单位需按要求向有关部门报送项目资金申请报告。

国际金融组织贷款项目资金申请报告应包括以下内容：

（1）项目概况，包括项目建设规模及内容、总投资、资本金、国外贷款及其他资金、项目业主、项目执行机构、项目建设期。

（2）国外贷款来源及条件，包括国外贷款机构或贷款国别、还款期、宽限期、利率、承诺费等。

（3）项目对外工作进展情况。

（4）贷款使用范围，包括贷款用于土建、设备、材料、咨询和培训等的资金安排。

（5）设备和材料采购清单及采购方式，包括主要设备和材料规格、数量、单价。

（6）经济分析和财务评价结论。

（7）贷款偿还及担保责任、还款资金来源及还款计划。

国际金融组织贷款项目资金申请报告报送时，应附送以下文件：

（1）项目批准文件（项目可行性研究报告批准文件、项目申请书核准文件或项目备案文件）。

（2）国际金融组织和日本国际协力银行贷款项目，提供国外贷款机构对项目的评估报告。

（3）向国务院行业主管部门提出项目资金申请报告时，如项目需地方政府安排配套资金、承担贷款偿还责任或提供贷款担保的，出具省级发展改革部门及有关部门意见。

（4）申请使用限制性采购的国外贷款项目，出具对国外贷款条件、国内外采购比例、设备价格等比选结果报告。

7.1.3 资金申请报告的编制依据

资金申请报告文本编制通常以资金提供者提出的要求为依据。资金提供者的要求一般体现在管理办法中，例如《中央预算内投资补助和贴息项目管理办法》《国家高技术产业发展项目管理暂行办法》《国际金融组织和外国政府贷款投资项目管理暂行办法》等。

7.1.4 资金申请报告的编制要求

资金申请报告文本要选择有资质的咨询机构进行编制，咨询机构应当做到依法、独立、客观、公正，对其编制文件的准确性负责。

资金申请报告的编制，首先要根据使用资金的来源和性质，充分响应资金使用要求，反映投资主管部门对投资行为的引导和约束；其次要根据资金使用时限，反映项目投资主体情况、项目情况和资金使用情况。

7.2 资金申请报告的编制内容

7.2.1 项目建设前期准备基本情况与项目进展

简述项目申报单位情况、项目基本情况、项目进展情况，为项目资金审查机关分析判断项目申请单位是否具备承担拟建项目的资格、是否符合资金发放条件等提供背景和依据。

项目申报单位情况，包括：申报单位名称、性质、法人和注册地点，项目申报负责人，主营业务、经营年限、注册资本、股东构成，以及经营收入、利润、资产负债、银行信用等级等内容。

项目基本情况，包括：项目名称、建设背景、建设地点、项目目标、主要建设内容和规模、产品和工程技术方案、主要设备选型和配套工程、投资规模和资金筹措方案等内容。

建设前期准备和进展情况，包括：政府审批、各项前期和开工准备、工程进展、项目建设期和实际执行情况、项目市场与竞争力研究情况等内容。

7.2.2 项目政策符合性分析

政策符合性主要是指拟建项目是否符合有关的产业政策、行业准入条件、清洁生产政策、资源利用政策、土地利用政策、环境保护政策以及拟申请的资金支持政策等要求。

通过项目的政策符合性分析，要说明拟建项目是否符合国家产业政策和行业准入条件，项目建设是否符合土地利用政策和规划，项目的清洁生产和环境保护水平是否符合环保标准要求，项目的安全、卫生、消防等落实情况是否符合有关要求，项目资金使用是否符合拟申请的资金来源的条件。

（1）项目的产业政策和行业准入符合性分析。简要说明拟建项目应遵守的产业政策和行业准入情况，说明拟建项目是否符合有关产业结构调整、产业空间布局、产业发展方向、产业创新等政策要求，是否符合相关行业准入标准等，说明行业管理部门的意见。

（2）项目的土地利用情况和规划符合性分析。简要说明拟建项目的土地利用情况，说明项目选址是否符合地区或城市规划、地区土地利用规划，是否是开发区、工业园区、工业用地等，说明有关土地管理部门和规划部门的意见。

（3）项目的清洁生产和环保符合性分析。简要说明拟建项目采用的清洁生产技术和执行的清洁生产标准，说明拟建项目污染物排放情况、主要环境保护措施和治理效果，说明项目对生态环境、水土流失、地质灾害以及历史文化遗产、自然遗产、风景名胜、自然景观和重要水源保护地等特殊环境的影响和保护措施，说明项目环评主要结论或环保部门的意见。

（4）项目的安全、卫生、消防符合性分析。简要说明项目生产过程职业安全与有害因素，采取的主要危害因素防范措施和应急措施、安全卫生的监督与管理措施及效果。

简要说明项目的原材料、中间产品及成品的物性，说明在储存过程、生产过程、运输过程等各个环节的火灾危险性以及各生产部位、建筑物、厂房等发生火灾的危险性。根据火灾危险性，确定火灾类别、消防等级和重点消防对象及消防范围，说明消防设施设置方案，说明有关部门的意见或态度。

（5）项目的资金符合性分析。简要说明项目拟申请的资金来源和资金使用条件，将项目情况进行对比，说明项目是否符合条件。

7.2.3 项目融资分析

通过项目融资分析，说明项目总投资及构成、融资构成、融资成本，分析项目融资方案合理性，政府资金介入的必要性，拟申请资金数额和理由。

（1）项目总投资及构成。简要说明项目总投资，包括建设投资、建设期利息、流动资金。

（2）项目融资构成、融资成本和融资方案合理性分析。简要说明项目借贷资金数额、来源及使用条件，自有资金来源或股权资金来源，分析资金来源可靠性，分析项目融资成本，分析融资方案合理性。

（3）拟申请资金数额和理由。提出拟申请资金数额，综合拟建项目政策符合性、技术水平、资金筹措方案等，说明政府资金或者国外组织贷款介入的必要性。

（4）项目资金使用计划分析。说明包括借贷资金、权益资金、拟借入的政府资金或国际金融机构或政府贷款资金的逐年用款计划，说明资金的使用范围，包括用于土建、设备、材料、咨询和培训等。

7.2.4 项目技术来源以及设备和材料采购分析

通过拟建项目的技术来源以及设备和材料采购分析，说明拟建项目采用的技术是否成熟、可靠，是否存在专利纠纷或者垄断等；说明拟建项目设备和材料采购方案是否合理、可行，是否满足国产化要求，价格是否合理。

（1）项目技术来源分析。简要说明拟建项目采取的技术名称、技术背景、主要技术内容、技术所有方、技术使用条件、专利费。

（2）项目设备和材料采购清单及采购方式分析。简要说明项目主要设备和材料规格、数量、单价、引进理由、采购方式等，说明引进设备和材料与国家有关政策是否相符，是否享受减免税政策。

7.2.5 项目财务分析和经济分析

通过拟建项目的财务分析和经济分析，要说明拟建项目在预测期内、预测条件下的财务效益情况和经济效益情况，反映项目的经济运行能力。

（1）项目财务分析。简要说明拟建项目采取的财务分析依据和基础条件，分析项目的成本费用、销售收入、税收、优惠政策、财务指标、主要结论。

（2）项目经济分析。简要说明拟建项目的经济分析依据和基础条件，分析项目的经济指标、主要结论。

7.2.6 项目清偿能力分析

通过拟建项目的清偿能力分析，说明项目的还款能力和还款计划，说明投资者的财务状况和资产实力，说明一旦项目失去还款能力，投资者是否能够为项目还款。

（1）项目清偿能力分析。简要分析项目的还款期、利息备付率、偿债备付率等，说明项目是否具有清偿能力，分析项目的财务可持续性。

（2）项目还款计划。简要说明项目贷款偿还及担保责任、还款资金来源及还款计划。

（3）项目投资者（非政府投资者）财务状况分析。简要分析项目投资者（非政府投资者）近三年的资产负债、损益和现金流量情况，分析投资者（非政府投资者）的清偿能力、银行信誉等级等。

7.2.7 项目社会影响分析

社会影响分析具有以下特点：宏观性、间接收益多、长期性、多目标性、量分析与定性分析相结合性。开展社会影响分析具有以下的必要性：保证投资项目与所处社会环境相协调，提高项目的经济效益；促进对投资项目进行全面评价，保证国家社会发展目标顺利实现；减少投资的短期行为和盲目建设，加强投资的宏观管理与调控；促进引进外资，进一步贯彻改革开放政策。

通过拟建项目的社会影响分析，说明项目将引起的社会影响效果、项目的社会适应性、可能引发的社会风险和采取的对策。

（1）社会影响效果分析。分析拟建项目的建设及运营活动对项目所在地可能产生的社会影响和社会效益。

（2）社会适应性分析。分析拟建项目能否为当地的社会环境、人文条件所接纳，评价项目与当地社会环境的相互适应性。

（3）社会风险及对策分析。针对项目建设所涉及的各种社会因素进行社会风险分析，提出协调项目与当地社会关系、规避社会风险、促进项目顺利实施的措施方案。

7.2.8 项目风险及防范措施分析

通过项目风险及防范措施分析，对项目可能面临的风险因素、风险发生的可能性、风险影响程度进行说明，并提出防范和降低风险的对策。

（1）资源风险和防范措施。说明各种原材料、动力的来源与供应风险，分析风险程度，提出防范和降低风险的对策。

（2）市场风险和防范措施。说明产品市场变化、竞争力态势变化、主要投入品和产出品价格变化的可能性以及由此带来的风险，判断对项目效益和持续经营的影响程度，提出防范和降低风险的对策。

（3）技术装备风险和防范措施。说明技术装备来源、技术进步、工程方案变化的可能性以及带来的风险，分析各种风险对项目造成的影响，提出防范和降低风险的对策。

（4）投资与融资的风险和防范措施。分析投资估算额发生变化的可能性，分析资金来源与供应风险、利率风险、汇率风险，分析各种风险对项目的影响程度，提出防范和降低风险的对策。

（5）其他风险和防范措施。分析包括施工组织、产品规模与方案等技术因素和政治、军事、经济、自然灾害等非技术因素对项目带来的影响和发生的可能性，提出防范和降低风险的对策。境外投资项目还应重点关注政治、军事、宗教等非技术因素的风险。

7.2.9 结论与建议

明确提出对项目投资的结论性意见，指出项目存在的主要问题，提出对项目建设有益的主要建议。

7.3 资金申请报告编制提纲

以下是财政补贴性资金支持项目、高科技产业化项目和国际金融组织贷款项目的资金申请报告编制提纲。其他类型的资金申请报告，可根据项目性质和资金来源结合具体要求进行适当调整。

7.3.1 财政补贴性资金支持项目资金申请报告编制提纲

```
1  概述
1.1  项目申报单位概况
1.1.1  项目申报单位基本概况
1.1.2  主要投资者情况
1.2  项目概况
1.2.1  项目基本情况
1.2.2  项目背景和意义
1.2.3  项目目标
1.3  项目基本内容
1.3.1  建设规模和产品方案
1.3.2  工艺技术和主要设备
1.3.3  工程方案
1.3.4  项目组织
1.4  项目建设前期准备基本情况
1.4.1  项目进展情况
```

1.4.2 项目建设期
2 项目的政策符合性分析
2.1 产业政策符合性分析
2.2 土地利用和规划符合性分析
2.3 清洁生产与环保符合性分析
2.4 资金申请符合性分析
3 项目的融资分析
3.1 总投资及其构成
3.1.1 总投资或总资金
3.1.2 建设投资
3.1.3 建设期利息
3.1.4 流动资金
3.2 项目借贷资金
3.3 权益资金
3.4 资金来源的可靠性分析
3.5 融资方案合理性分析
3.6 融资成本分析
3.7 政府资金申请情况说明
4 项目的资金使用计划
4.1 项目逐年用款计划
4.2 资金使用安排
5 项目的财务分析和经济分析
5.1 财务分析
5.1.1 财务分析的依据与基础条件
5.1.2 项目成本分析
5.1.3 产品售价分析
5.1.4 项目税收及优惠政策分析
5.1.5 项目财务分析指标
5.1.6 财务分析结论
5.2 经济分析
5.2.1 经济分析的依据与基础条件
5.2.2 经济分析主要指标
5.2.3 经济分析结论
6 项目的清偿能力分析
6.1 项目清偿能力分析
6.2 投资者（非政府投资者）清偿能力
6.3 项目还款计划
6.4 投资者（非政府投资者）财务状况

6.5　项目的财务可持续性分析
7　项目主要风险及其防范措施
7.1　资源风险
7.2　市场风险
7.3　技术与装备风险
7.4　投资与融资的风险
7.5　其他风险
8　结论与建议
8.1　对项目投资建设的结论性意见
8.2　项目投资的必要性和意义
8.3　对项目建设有益的主要建议
8.4　对项目存在的主要问题提出意见
9　附表与附件
9.1　附表
9.1.1　主要设备一览表
9.1.2　引进设备材料一览表
9.1.3　出口设备材料一览表
9.1.4　投资估算表
9.1.5　主要财务分析指标表
9.2　附件
9.2.1　项目批准文件（项目可行性研究报告批准文件、项目申请书核准文件或项目备案文件）
9.2.2　中外投资各方的企业注册证（营业执照）、商务登记证及经审计的最新企业财务报表（包括资产负债表、损益表和现金流量表）、开户银行出具的资金信用证明
9.2.3　增资、并购项目的公司董事会决议
9.2.4　银行出具的融资意向书
9.2.5　国家资本项目管理、外债管理的有关规定
9.2.6　证明中方及合作外方资产、经营和资信情况的文件
9.2.7　应提交由具备相应资质的会计师、资产评估机构等中介机构出具的资产评估报告，或其他可证明有关资产权益价值的第三方文件
9.2.8　投标、并购或合资合作项目，中外方签署的意向书或框架协议等文件
9.2.9　境外竞标或收购项目，应按规定报送信息报告，并附国家发展改革委出具的有关确认函件
9.2.10　国际金融组织和日本国际协力银行贷款项目，提供国外贷款机构对项目的评估报告
9.2.11　向国务院行业主管部门提出项目资金申请报告时，如项目需地方政府安排配套资金、承担贷款偿还责任或提供贷款担保的，出具省级发展改革部门及有关部门意见

9.2.12 申请使用限制性采购的国外贷款项目，出具对国外贷款条件、国内外采购比例、设备价格等比选结果报告

9.2.13 利用国际金融组织和外国政府贷款的投资项目，地方应出具该地区利用该项资金项目的执行情况和还贷情况说明

9.2.14 属于备案的项目，附有关备案文件

9.2.15 其他有关文件、资料

7.3.2 高科技产业化项目资金申请报告编制提纲

1 总论
1.1 项目概述
1.2 项目预期目标
1.2.1 总体目标
1.2.2 阶段目标
1.2.3 资金投入及使用计划
2 项目技术成果的先进性分析
2.1 简述
2.2 项目创新点
2.3 知识产权状况
3 项目实施方案分析
3.1 项目的转化内容与技术路线论述
3.2 项目组织实施方案
3.3 项目产品市场调查与竞争能力预测
3.4 投资预算与资金筹措
3.4.1 投资预算
3.4.2 资金筹措
3.4.3 资金使用计划
3.5 项目实施风险评价
3.6 项目实施计划
4 项目预期效益分析
4.1 成果转化目标分析
4.2 经济效益分析
4.2.1 产品成本分析
4.2.2 产品单位售价与盈利预测
4.2.3 经济效益分析
4.2.4 项目投资评价
4.3 社会效益、生态效益分析
5 项目支撑条件分析
5.1 申报单位基本情况

5.2 单位转化能力论述
5.3 单位职工队伍情况
5.4 单位管理情况
5.5 单位财务经济状况
5.6 合作单位研发能力

7.3.3 国际金融组织贷款项目资金申请报告编制提纲

根据《国家发展改革委办公厅关于印发国际金融组织贷款项目资金申请报告编制大纲和项目资金申请报告报批文件提纲的通知》，国际金融组织贷款项目资金申请报告编制大纲如下。

1 项目概况
1.1 项目建设目标及必要性
1.2 项目区域及建设地点、项目建设规模、内容
1.3 项目投资估算及资金筹措方案
1.3.1 总投资及资金构成
1.3.2 年度投资安排
1.4 项目执行机构及项目业主
1.5 项目建设期及进度安排
2 国外贷款来源及条件
2.1 国外贷款机构
2.2 贷款条件（包括还款期、宽限期、利率、先征费、承诺费等）
3 项目前期准备工作进展情况
3.1 国内工作进展情况
3.1.1 项目建议书批准情况
3.1.2 项目可行性研究报告或项目申请书批准情况
3.1.3 环评及土地预审相关情况
3.2 对外工作进展情况
3.2.1 项目鉴别、准备、评估等情况（包括亚行贷款项目准备性支援 PPTA 情况）
3.2.2 贷款谈判计划安排
3.2.3 贷款协议及项目启动计划安排
3.3 国内配套资金落实情况
4 贷款使用方案及类别安排
5 土建、设备及材料采购安排
5.1 采购原则及方式
5.2 采购计划（应附表说明）
5.2.1 土建采购分包方案
5.2.2 设备及材料采购清单

5.2.3 咨询服务及培训计划
6 经济分析及财务评价结论
6.1 经济分析
6.2 财务评价
6.3 环境和社会效益评价
7 贷款偿还及风险防范
7.1 贷款偿还方式
7.2 偿还或担保责任
7.3 还款资金来源
7.4 贷款偿还计划
7.5 外债风险分析及规避风险初步方案
8 附件
8.1 项目批准文件（项目可行性研究报告批准文件、项目申请书核准文件或项目备案文件）
8.2 项目评估文件（国外贷款机构对项目的评估报告中英文文本）
8.3 国内配套资金落实文件或相关证明

参考文献

[1] 田菁. 北斗玉龙湾小区建设项目财务评估研究［D］. 青岛：中国海洋大学，2012：10.
[2] 许爱青. 投资项目决策知识体系理论与方法研究［D］. 昆明：昆明理工大学，2003：5.
[3] 林建安. 建立政府投资项目责任追究制度［J］. 发展研究，2007（11）：17-18.
[4] 王世成，曲炜. 政府投资项目概念辨析［J］. 中国审计，2007（24）：63-64.
[5] 陈磊. 地方政府投资项目决策程序研究［D］. 上海：华东政法大学，2016：9-10.
[6] 许宇明. 政府投资项目决策改进研究［D］. 长沙：中南大学，2009：14-15.
[7] 孙红. 投资项目可行性研究理论综述［J］. 华北电力大学学报（社会科学版），2008（06）：42-46.
[8] 余莉英. 浅谈开展项目可行性研究编制工作的几个要求与建议［J］. 中国水运（下半月刊），2010，10（11）：138-139.
[9] 顾荣华，张劲松. 建筑工程经济［M］. 北京：北京理工大学出版社，2017.
[10] 唐少清. 项目评估与管理［M］. 北京：清华大学出版社，北京交通大学出版社，2005.
[11] 王勇，王兆阳. 项目经济性分析与评价［M］. 北京：中国建筑工业出版社，2016.
[12] 叶胜林. 论我国建设项目环评文件的审批［D］. 上海：上海交通大学，2008：2.
[13] 孔谷雨. 论建设项目环境影响评价的公众参与［D］. 苏州：苏州大学，2014：3.
[14] 冯玮. 我国建设项目环境影响评价法律制度研究［D］. 兰州：兰州大学，2015：4.
[15] 王扬. 宏观因素对项目可行性研究与项目评估影响的研究分析［D］. 青岛：山东科技大学，2004：10-11.
[16] 戚安邦. 项目论证与评估［M］. 北京：机械工业出版社，2004.
[17] 孙健. 基础设施建设项目综合评价指标体系和应用研究［D］. 北京：清华大学，2004：34.
[18] 吴贤国. 工程项目管理［M］. 武汉：武汉大学出版社，2008.
[19] 刘严. 现代建设工程项目全过程管理与控制［M］. 郑州：河南科学技术出版社，2015.
[20] 周春喜. 投资项目评估［M］. 杭州：浙江大学出版社，2008.